내 마음에는

낯선 사람이 산다

내 마음에는 낯선 사람이 산다

강현식 지음

심리학의 거장들과 함께하는 마음 수업

스몰빅인사이트

prologue.

내 안에
나도 모르는 내가 있다

사람들은 자기 마음을 다 안다고 생각한다. 나 역시 대학에서 심리학을 전공하기 전에는 '내 마음은 내가 제일 잘 알지!'라고 생각했다. 잘 알기에 스스로 통제할 수 있다고도 생각했다. 그러면서 우울하거나 불안하다는 이유로 자기 삶에 충실하지 않은 사람들을 속으로 비난했다. 의지가 약한 사람이라고 말이다. 물론 이런 비난은 나 자신에게도 해당됐다. 마음이 약해질 때마다 책망과 비난을 스스로에게 퍼부었다. 그러나 심리학 공부를 하면서 이런 생각이 완전한 착각이라는 것을 알게 되었다.

심리학자들은 인간의 마음과 행동에 대해 과학적으로 접근한다. 사람의 마음에 대한 가설을 세우고, 가능한 많은 사람을 대상으로 객관적인 자료를 수집한다. 그리고 통계 검증을 통해 가설의 기각 여부를 결정한다. 이런 과정을 거치며 심리학자들은 인간의 마음에 대해 엄청나게 많은 사실을 밝혀냈다. 심리학 공부를 하면서 나는 그동안 얼마나 오만하기 짝이 없는 착각 속에 살아왔는지를 깨달았고, 비록 내 마음이지만 내가 모르는 것이 많다는 사실을 받아들이기 시작했다. 그리고 주변 사람들과 나 자신을 향한 비난을 멈추었다.

혹시 라디오에서 어느 청취자의 사연을 듣다가 갑자기 눈물이 쏟아질 때가 있지는 않은가? 사실 전혀 울 만한 내용이 아닌데도 말이다. 나중에 곰곰이 생각해 보면 그동안 외면하며 살았던 마음속 기억과 감정이 그 사연 때문에 건드려졌다는 것을 뒤늦게 알게 될 것이다.

지금까지 만나고 사귀었던 친구들을 떠올려보라. 다양한 성향과 성격을 가진 친구를 두었다고 생각했는데, 사실 모두 비슷한 스타일의 사람은 아닌가? 사람들은 자신도 모르게 비슷한 유형의 사람들과 친하게 지내는 경향이 있다.

정말 많은 부부들이 행복을 맹세하며 결혼하지만 안타깝게도 불행하게 산다. 헤어짐을 선택하기도 하지만, 여러 이유로 헤어지지 못하면 그 속상한 마음을 자녀들에게 쏟아낸다. 자신이 도대체 왜 저런 사람을 선택했는지 모르겠다고 하소연하면서 말이다. 그러면서 자녀에게는 정말 제대로 된 사람과 만나 행복한 결혼생활을 하길 당부한다. 자녀 역시 부모의 결혼생활을 보면서 자신은 제대로 된 짝을 만나야겠다고 결심하고 실행에 옮긴다. 그러나 역시 결과는 좋지 않다. 결혼을 선택한 순간에는 두 사람이 천생연분이라 확신했는데, 시간이 지날수록 전생의 원수로 느껴지기 때문이다. 이 모든 것은 내가 모르는 내 마음이 있기 때문이다.

내가 모르는 내 마음은 자주 나를 지배한다. 나의 생각과 감정, 행동에 영향을 미친다. 그래서 때로는 자신이 이중인격자가 아닌지 의심이 들 수도 있다. 그러나 걱정하지 마시라. 정말 이중인격자는 모든 면에서 극단적으로 다르다. 심지어 목소리와 표정, 기억과 경험까지도 다르다. 인격이 바뀌면 이전 인격일 때 경험했던 것을 기억하지 못하는 게 일반적이다. 그래서 자신보다는 주변 사람들이 더 크게 놀란다.

그럼에도 내 마음에 낯선 사람이 산다는 느낌을 지울 수가 없다면 그 낯선 사람을 외면하지 말고 마주 앉아 이야기를 나눠야 한다. 비록 그 낯선 사람을 마주하는 것이 불편하고 무서울지라도 용기를 내야 한다. 낯선 사람과 마주 앉아 이야기를 하면서 그를 이해하고 존중하다 보면 결국 건강하고 행복한 마음을 가질 수 있다. 만약 계속 싫어하고 외면한다면, 그래서 마주하지 않고 피하기만 한다면 나중에는 낯선 사람에게 내 마음의 통제권을 완전히 내어줄지도 모른다.

이 책은 심리학에서 아주 유명한 심리학자 10명의 이론과 연구 결과를 토대로 마음속의 낯선 사람에 대한 이야기를 하고 있다. 이렇게 10명을 뽑은 이유는 단지 심리학을 대표하는 사람들이라서가 아니라 이들이 우리 마음에 살고 있는 낯선 사람을 잘 설명해 주는 이론을 만들고 실험을 진행했기 때문이다. 이론의 전반을 자세하게 설명하려고는 하지 않았다. 이 책을 읽은 사람들이 잘 모르는 자신의 마음을 이해할 수 있도록 이론의 일부만을 집중적으로 다뤘다.

부디 이 책이 자기 마음 안에 사는 낯선 사람을 알아보고 이해하는 데 도움이 되기를 바란다. 그래서 그와 세상에서 둘도 없는 친한 사이가 되면 좋겠다.

자, 이제 당신 마음에 사는 낯선 사람을 만나러 가보자.

차례

마음 안에서
세 사람이 싸우고 있다

Chapter 1.

지그문트 프로이트

Sigmund Freud

알고 있는 마음은 빙산의 일각

민수는 이성적이고 합리적인 사람이라는 소리를 곧잘 듣는다. 어린 시절부터 논리적으로 자기주장을 했을 정도다. 실제로 초등학생 때부터 각종 토론대회에 출전했고, 상도 곧잘 받았다. 그러나 감정을 느끼고 표현하기보다 매사에 논리적인 잣대를 들이댔기 때문에 교우 관계는 원만하지 못했다. 민수는 크게 개의치 않았다. 친구들과 어울리기보다는 그 시간에 혼자 공부하는 것이 이득이라고 생각했기 때문이다.

고등학교 졸업 후 대학에서는 컴퓨터공학을 전공했다. 입력과 출력이 분명하고, 모든 것을 논리로 접근해야 하는 프로그래밍은 민수의 성격에 맞았다. 대학을 우수한 성적으로 졸업하고 대기업에 취직한 지 몇 년 후 결혼도 하고, 아이도

낳았다. 직장에서는 참여한 프로젝트마다 좋은 성과를 내 빠르게 승진을 하여 30대 후반에 팀장이 되었다. 승승장구라는 말이 무색하지 않을 정도였다. 그런데 문제가 생겼다.

한 달 전 팀장급 회의에서 민수는 프로젝트 진행 상황을 발표했다. 그런데 민수의 부족한 대인관계 기술 때문에 그와 몇 차례 갈등을 빚은 전적이 있었고 그의 고속승진과 뛰어난 능력에 질투를 느끼고 있던 몇몇 팀장들이 돌아가면서 민수에게 끊임없이 질문을 던졌다. 형태는 질문이었지만 누가 봐도 민수를 난처하게 만들려는 의도가 분명했다. 민수는 그저 최선을 다해 답하려고 했다. 그러나 의도적인 공격에 점차 당황하게 됐다. 사람들은 민수의 그런 모습을 보고 통쾌하게 여겼다. 누군가는 비웃었고, 누군가는 수군거렸다. 또 야유를 보내거나 질책하는 말을 하는 팀장들도 있었다. 순간 민수는 의식을 잃고 쓰러졌다.

눈을 떠보니 병원이었다. 의사는 과로와 영양 부족으로 인해 잠시 의식을 잃었던 것 같다면서, 다른 이상은 없다며 수액을 맞고 하루 이틀 정도면 회복될 것이라고 했다. 실제로 민수는 프로젝트의 성공을 위해 한 달 이상 야근을 했고, 과도한 스트레스로 인한 소화불량 때문에 식사도 제대로 하지 못했다. 다행히 의사의 말처럼 민수는 금세 기력을 되찾았다. 그런데 퇴원하고 집에 돌아오자 왠지 모를 불안감이 느껴졌다. 발표장에서 느꼈던 불안과 공포가 엄습해온 것이다. 민수는 늘 그랬듯이 이성적으로 생각하려고 애썼다.

'그때는 몰랐지만 날 싫어하던 몇몇 사람이 질문을 했고, 난 최선을 다해 답하려고 했어. 물론 모든 이들을 만족시킬 수는 없었지만, 난 최선을 다했어. 내가 잠깐 의식을 잃고 쓰러진 것은 프로젝트 때문에 내 몸을 돌보지 않았기 때문이야.'

이전까지는 마음이 힘들 때 이렇게 합리적으로 생각하면 편안해졌는데, 이번에는 잘 통하지 않았다. 아무리 합리적으로 생각을 하려고 해도, 이성의 힘을 이용해 논리적으로 생각을 하려고 애써도 마음은 계속 불편했다. 일주일의 병가가 끝나고 다시 회사로 돌아가야 하는 날이 다가올수록 마음은 더욱 힘들었다. 출근 전날 밤에는 불안한 마음에 잠도 쉽게 들지 못했다.

다음 날 아침, 민수는 핸드폰 알람 소리가 울리는 것을 들었다. 다시 회사로 돌아가야 한다는 생각이 들면서 기분이 다운됐다. 잠도 설쳤기에 5분만 더 누워있겠다는 생각으로 알람을 끄려고 팔을 뻗었다. 그런데 손이 움직이지 않았다. 간혹 팔이 저리면서 손까지 움직이지 않는 경우가 있지만, 이번에는 달랐다. 팔은 이상이 없었다. 알람이 울리는 핸드폰 위로 팔을 뻗기는 했는데, 손목 아랫부분이 움직이지 않아서 핸드폰을 집을 수가 없었다. 손바닥과 손가락이 마비된 것 같았다.

프로그래머에게 손은 생명이다. 손을 다치면 일할 수가 없다. 너무 놀란 민수는 아내를 깨웠고 급히 대학병원 응급실로 들어갔다. 혹시나 신경계에 문제가 생긴 거라면 가능한 빨리 조치를 취해야 하니까. 응급실에 도착해서는 증상을 말하고 다양한 검사를 받았다. 그러나 응급실 당직 의사는 검사 결과 아무런 이상이 없다며, 아무래도 정신과적 증상 같다고 하면서 정신과 진료 예약을 해 주겠다고 했다. 민수는 받아들일 수 없었다. 검사 결과에 오류가 있거나 자신의 증상을 밝혀낼 만한 검사를 하지 않았을 거라고 생각해 의사에게 따지고 들었다. 의사는 민수에게 차근차근 설명했다. 인간의 신체 구조상, 그리고 신경계 작동 원리상 물리적 외상이 없는 상태에서 팔은 멀쩡하고 손만 마비되는 것은 불가능하다고 했다. 의사의 논리적 설명에 민수는 수긍할 수밖에 없었다.

결국 민수는 정신건강의학과 진료를 통해 전환 장애conversion disorder라는 진단을 받았다. 의사는 민수의 이야기를 듣더니 발표 상황에서 실신한 것도 전환 장애의 증상일 수 있다고 했다. 민수는 너무 놀랐고 자신의 상태를 받아들일 수 없었지만, 이때에도 합리적으로 생각하기로 했다. 그래서 의사에게 약을 얼마나 먹어야 하는지 물었다. 의사는 난감한 표정으로 말했다. 우울과 불안이 있을 경우 약을 통해 감정 조절을 할 수는 있지만, 민수의 증상 자체를 치료하는 약은 없다고 했다. 그러면서 일주일에 한 번씩 병원에 와서 정신치료(심리치료)를 받으라는 처방을 내렸다.

마음의 불편함이 몸으로 나타나다

‡

민수가 보이는 증상은 19세기 후반 오스트리아의 의사 지그문트 프로이트가 정신분석학을 발전시키는 과정에서 가장 많이 마주했던 환자들의 증상이기도 하다. 당시의 진단명은 '히스테리'다. 요즘 사람들은 감정 기복이 심한 성격을 지칭할 때 히스테리라고 하지만, 당시의 히스테리는 성격적인 측면보다는 신체 증상을 의미했다. 민수의 증상처럼 손이 마비된다든지 팔이나 어깨, 다리가 마비되기도 한다. 또 시력을 잃거나 청각, 후각에 문제가 생기기도 한다. 통증을 느끼기도 하며, 민수처럼 실신하거나 경우에 따라서는 발작 증상을 일으키기도 한다. 증상은 몸으로 나타나지만, 그 원인은 몸이 아니라 마음인 것이다. 그래서 이 진단을 내릴 때는 충분한 신경학적, 의학적 검사를 해야 한다. 다양한 검사를 통해서도 그 원인이 나오지 않으면 그때에야 전환 장애 진단을 내릴 수 있다.

그런데 왜 '전환'이라는 이름이 붙었을까? 바로, 마음의 불편감이 신체 증상으로 바뀌어서 나타난다는 의미를 가지고 있기 때문이다. 그렇다면 마음의 불편감이라면 무엇을 의미하며, 그 불편감이 도대체 무엇이기에 쉽게 이해할 수 없을 정도의 증상이 나타날까? 이러한 불편감의 정체를 밝힌 사람이 바로 프로이트였다. 프로이트는 그것을 무의식unconsciousness이라고 칭했다.

당시 대부분의 의사들은 히스테리가 단지 꾀병에 지나

지 않는다고 생각했다. 왜냐하면 증상은 굉장히 놀랍고 심각하지만, 의학적 검사를 통해서는 아무런 증거도 얻을 수 없기 때문이었다. 또 의학적 지식으로 설명이 안 되는 이상한 증상이 많았다. 반면 증상 때문에 환자들은 나름의 이득을 얻고 있었다. 일례로 수험생이 시력을 잃게 되면 시험을 보지 않아도 되고, 요리사가 후각을 잃으면 요리를 하지 않을 수 있다. 다리가 마비된 발레리나는 무대에 서지 않아도 된다. 민수도 마찬가지였다. 손이 마비가 되었으니 더 이상 일을 하지 않아도 되었다. 자신이 해야 할 일을 즐겼던 사람들이라면 이런 증상으로 일을 할 수 없을 때 힘들고 좌절했겠지만, 전환 장애 환자들은 민수처럼 증상이 나타나기 전에 극도의 스트레스를 받았던 경우가 대부분이었다.

꾀병이라고 의심할 만한 또 다른 이유는 증상에 대한 이들의 태도에 있었다. 처음에는 증상 때문에 매우 당황하지만, 시간이 갈수록 자신들의 심각한 증상에 대해서 별로 걱정하지 않았다. 이를 가리켜 '아름다운 혹은 만족스러운 무관심la belle indifference'이라고 한다. 신체 일부가 마비되고, 감각 기관에 문제가 생기는데도 마치 별일 아니라는 듯이 지내고 또 자신들이 해야 할 스트레스 받는 일을 하지 않을 수 있다는 점에서 당시 대부분의 의사들이 이를 꾀병으로 치부해버리고 관심을 갖지 않은 것은 당연한 일이었다.

물론 쉽게 이해되지 않는 점도 많았다. 만약 진짜 마비가 된 것이 아니라 단지 마비된 것처럼 꾀병을 부린다면 쉽게 들통이 나지 않겠는가! 민수의 경우 손을 움직일 수도 없고 감각을 느낄 수도 없는 마비 상태를 꾸며낸 것이라면 갑자기 바늘로 손을 찔렀을 때 인상을 찡그리거나 손을 피할 것이다. 고통을 참으면서 손을 피하지는 않더라도 순간 움찔할 것이다. 그러나 전환 장애는 손을 바늘로 깊이 찔러도 전혀 미동이 없다. 진짜 마비된 것처럼 말이다.

이런 혼란스러운 증상에 대해서 프로이트는 관심을 가지기 시작했다. 대부분의 동료들이 꾀병이라고 치부하면서 이런 증상을 호소하는 환자들을 무시했지만, 프로이트는 이들의 이야기에 귀를 기울이기 시작했다. 대체로 의사들은 증상과 직접 관련이 없는 환자의 하소연에 귀를 기울이지 않는다. 지금도 비슷하지만 프로이트 당시에는 더욱 심했다. 특히 의학적으로 설명이 불가능하고, 꾀병처럼 보이는 환자의 이야기에 귀를 기울이기는 쉽지 않았을 것이다. 프로이트는 이들의 증상이 단지 꾀병이 아니라고 생각했다. 지금까지 알려지지 않은 원인이 있을 거라 여겼고, 그 원인을 알기 위해 참고할 자료는 환자의 이야기가 전부였다.

환자들도 자기들 증상의 원인을 알지 못했다. 그래서 프로이트는 환자들에게 다양한 질문을 던지고, 환자들도 여러 이야기를 했지만 큰 수확은 없었다. 남들이 꾀병이라고 거들떠보지도 않는 이 환자들, 심지어 환자들도 크게 걱정하지 않는 특이한 증상에 대해서 뭔가 있을 것이라는 생각에 용감하게 덤벼든 자신의 선택에 때론 회의감도 들었으나 프로이트는 포기하지 않았다.

면담하는 환자의 수가 늘수록, 환자들과 이야기하는 시간이 길어지고 자료가 쌓일수록, 프로이트는 환자들이 엇비슷한 경험을 했다는 것을 알아차렸다. 바로 누군가를 좋아하고 사랑했지만 직접 표현하거나 드러낼 수 없었던 경험이었다. 다시 말해 성적 추동sexual drive을 강렬히 느낀 적이 있었지만 안타깝게도 현실적 이유 때문이든, 도덕적 이유 때문이든 자신의 감정과 욕구를 억압할 수밖에 없었다는 것이다.

프로이트가 치료했던 루시라는 여성이 있었다. 그녀는 만성 비염으로 냄새를 전혀 맡지 못하는 상태였다. 그런데도 그녀는 푸딩 타는 냄새에 시달렸다. 일종의 히스테리 증상이었다. 루시는 아내와 사별한 공장 주인의 집에 거주하면서, 공장 주인의 두 자녀를 돌보고 가르치는 일을 하고 있었다. 증상이 생기기 두 달 전, 루시는 아이들과 함께 푸딩을 만들던 중 우체부로부터 어머니의 편지를 전달받았다. 이틀 후가 루시의 생일이었기 때문에 어머니가 편지를 보낸 것이었다. 루시가 편지를 개봉하려고 하자, 아이들은 생일 전에 축하편지를 개봉해서는 안 된다고 하면서 루시와 실랑이를 벌였고 이때 푸딩이 타버렸다고 한다.

루시는 아내를 잃은 공장 주인을 도와 아이들을 잘 키우고 싶어 했다. 아이들의 교육 문제로 공장 주인과 다른 사람들보다 이야기할 기회가 더 많았기 때문에 그에게 특별한 감정을 느끼곤 했다. 루시의 마음을 알아차렸는지 하인들은 수

군거렸고 루시는 마음이 불편했다. 더구나 어머니의 편지를 받고서는 집에 돌아가고 싶다는 생각이 들었지만, 아이들을 잘 돌보겠다는 공장 주인과의 약속 때문에 향수병을 이겨내려고 애쓰고 있던 차였다.

그러던 어느 날 공장 주인의 친구가 집에 방문했다가 돌아가려고 할 때, 그가 두 아이들에게 작별 키스를 한 사건이 있었다. 당시 유럽에서는 보편적인 인사법이었다. 그렇지만 주인은 다른 사람이 아이들에게 키스하는 것을 싫어했고 친구가 떠나자마자, 루시한테 어느 누구도 아이들에게 입맞추지 못하게 하라고 소리를 질렀다. 루시는 자신이 좋아하고 있던 공장 주인이 소리를 지르자 너무 놀라고 무서웠다. 이 일 이후로 루시는 푸딩 타는 냄새에 시달렸다고 한다.

사실 루시는 공장 주인을 사랑하고 있었고 죽은 아내의 역할을 대신하고 싶었던 것이다. 하지만 루시는 공장 주인이 자신에게 전혀 마음이 없다는 것을 알게 되면서 자신이 느꼈던 감정에 수치심을 느꼈고 그 마음을 억압할 수밖에 없었다. 프로이트는 타버린 푸딩, 망쳐버려서 먹을 수 없는 푸딩은 결국 이루어질 수 없는 사랑을 의미하는 것이라고 생각했다. 억압된 마음이 요동칠 때마다 루시는 푸딩 타는 냄새에 시달렸다. 루시가 프로이트와의 상담을 통해 자신이 공장 주인을 사랑한다는 사실을 인정하고, 공장 주인이 자신에 대해 마음이 없다는 사실을 확실히 받아들이자 더 이상 푸딩 타는 냄새에 시달리지 않을 수 있었다고 한다. 프로이트는 히스테리의 원인이 억압된 마음, 즉 무의식이라고 결론 내렸다.

마음의 어두운 베일을 벗기다

‡

여전히 무의식이란 개념을 거부하는 사람들이 있지만, 요즘에는 문학과 철학, 예술을 비롯해 정신의학과 상담 등 많은 분야에서 이를 널리 받아들이는 편이다. 그러나 프로이트 시대에는 대부분이 무의식이라는 개념을 거부했다. 당시의 학문적 사조가 계몽주의의 영향력 아래에 있었기 때문이다. 계몽주의란 이성과 합리적 사고를 통해 세상의 무지를 타파하고 현실을 개혁하자는 사조다. 이성을 잘 사용하기만 하면 세상의 문제와 고통을 해결할 수 있다는 것이 핵심이다. 학문적 흐름이자 사회 운동으로 발전한 계몽주의는 17세기에 시작되어 18세기에 화려하게 꽃을 피웠다. 그러다가 끊임없이 이성과 합리성을 강조하면서 무지를 타파하고 문제를 해결하자는 주장에 사람들은 피로감을 느꼈고, 그에 대한 반발로 낭만주의가 꽃을 피우게 되었다. 낭만주의는 이성보다는 감성, 현실보다는 판타지, 현실의 유용성보다는 미적 아름다움을 추구하는 사조다. 낭만주의는 문화와 예술 분야에 국한되었고, 여전히 학문 분야에서는 계몽주의가 대세였다. 결국 프로이트가 살았던 19세기는 한 편에서는 이성과 합리성, 현실을 논하고 또 다른 편에서는 감성과 아름다움, 판타지를 추구하는 혼란스러운 시대였다. 이 시기를 다른 말로 빅토리아 시대라고 한다. 영국의 빅토리아 여왕의 재위 기간(1837~1901)과 맞물렸기 때문이다.

빅토리아 시대의 대표적 아이콘이 코르셋이다. 여성들은 잘록한 허리로 대표되는 아름다운 몸매를 위해 엄청난 고통을 감내했다. 지금의 코르셋도 여성들의 건강에 좋지 않지만, 빅토리아 시대와 비할 바는 못 된다. 당시 상류층 여인들은 허리둘레를 13인치로 유지하기 위해 철이나 동물의 뼈를 이용한 코르셋을 입기도 했다. 척추가 휘어지는 측만증은 기본이고, 심한 경우 갈비뼈 골절과 내장 파열로 이어지기도 했다. 겉으로 보이는 아름다움을 위해 속으로는 엄청난 고통을 감내하던 것이 당시의 문화였다. 겉과 속이 다르고, 앞과 뒤가 다른 문화에서 감춰야 했던 것은 비단 여성들의 뱃살만이 아니었다. 인간 본유의 것이라 할 수 있는 성적 욕구도 그랬다. 당시의 금기는 성性이었다. 성은 계몽주의의 영향력 아래 있는 학계에서도 이성과 합리성에 부합하지 않는다는 이유로 외면받았고, 낭만주의의 영향력 아래 있는 사교계에서도 동물적이라는 이유로 외면받았다. 누구나 성욕이 있지만, 누구에게도 없는 것처럼 행세하였다. 이 때문에 정상적이라고 할 수 있는 감정과 욕구에 대해서 쉽게 죄책감을 느끼는 사람들도 있었다. 반면 온갖 왜곡된 성행위와 성범죄를 아무렇지 않게 저지르는 사람들도 있었다. 성에 대한 언급 자체를 할 수 없어서 비밀을 유지할 수 있었기 때문이다.

앞서 언급했던 루시처럼 프로이트가 만났던 히스테리

환자들은 하나 같이 성에 대한 이슈를 가지고 있었다. 그런데 이를 떠올리는 것만으로도 매우 고통스러워했다. 프로이트는 환자를 치료하던 초기에는 최면을 사용했다. 최면 상태에서는 환자들이 자기검열을 하지 않고 마음에 떠오르는 것을 보다 편하게 이야기했기 때문이다. 그러나 최면 상태에서 이야기했던 것을 의식이 돌아온 상태에서 물어보면 모두들 펄쩍 뛰면서 자신은 전혀 그런 마음이 없다면서 불쾌감을 표시했다.

상담이 진행될수록 환자들은 스스로도 몰랐던 마음을 인정하기 시작했다. 환자들이 일부러 자신의 마음을 속인 것은 아니었다. 환자들도 자기네 마음에 억압된 성적 추동이 있다는 사실을 전혀 모르고 있었기 때문이다. 인간에게 자기도 모르는 마음이 있고, 그 마음이 신체 증상을 만들어낸다는 이 사실은 프로이트에게도 매우 낯설고 이상했다. 왜냐하면 프로이트 역시 계몽주의와 낭만주의 시대에서 태어나 자라고 공부했기 때문이다. 당시 세계 최고였던 비엔나 의과대학을 다니면서, 인간의 이성과 합리성에 감탄해 마지않았을 것이다. 인간이 이성적이고 합리적인 존재라고만 생각했는데, 알면 알수록 감성적이고 비합리적인 측면을 더 크게 가진 존재가 인간이라는 사실을 알게 되었다. 결국 프로이트는 마음의 대부분은 의식이 아닌 무의식이라고 주장하기 시작했다.

무의식이라는 개념을 프로이트가 만든 것은 아니다. 무의식은 힌두의 고대 문서에도 언급되어 있는 개념일 뿐더러 현대적 의미의 무의식은 18세기 독일의 철학자들에 의하여 제안되었다. 자신도 알지 못하는 마음을 의미하는 무의식은 이성과 합리성을 중요시하던 계몽주의자들에게 크게 주목받지 못하다가 프로이트에 의해서 빛을 보게 됐다. 사변적 고찰을 주로 하는 철학자들과 달리 과학적 훈련을 받은 프로이트의 주장은 간단히 무시할 수 있는 것이 아니었다.

마음의 대부분은 의식이 아니라 무의식이라는 주장에서 한발 더 나아가 프로이트는 무의식이 성과 관련이 있다고 주장했다. 이 두 주장을 더하면 우리의 마음은 주로 성과 관련된 것으로 가득하다는 이야기가 된다. 이뿐만 아니라 프로이트는 성인의 성적 추동은 어느 순간 갑자기 생겨난 것도 아니고, 외부로부터 들어온 것도 아니라고 주장했다. 성적 추동을 인간의 주된 에너지원으로 본 프로이트는 열역학 제1법칙으로 불리는 에너지 보전의 법칙을 적용하면서 인간의 성욕은 타고나는 것이라고 했다. 즉 갓난아기들도 성욕이 있다는 것이다.《성에 관한 세 편의 해석》을 통해 프로이트는 아이들의 성욕이 어떻게 표현되는지 설명했다. 아이들은 성인처럼 섹스라는 행위로 성욕을 충족시키지 않고 처음에는 입(빨기, 깨물기)을 통해, 그다음은 항문(변의 보유와 분출)을 통해, 그다음은 남근(유아 자위행위)을 통해 성욕을 드러낸다고 말했다. 많이 알려진 구강기, 항문기, 남근기가 바로 여기에서 나온 말이다. 이것이 심리성적 발달psychosexual development 이론이다. 특히 프로이트는 남근기에서 아이는 동성의 부모를 물리치고, 이성의 부모를 차지하려는 소위 오이디푸스 콤플렉스를 경험한다고 주장했다. 시대와 문화를 막론한 인류의 최대 금기인 근친상간과 근친살해의 심리가 보편적이라고 말한 셈이다.

보통 아기들은 세상의 때가 묻지 않은 순수의 결정체로 묘사된다. 이런 아기들에게 성욕이 있다는 프로이트의 주장은 파격적, 획기적이다 못해 감당할 수 없는 수준이었다. 계몽주의와 낭만주의의 영향력 아래 당시 지식인들은 성에 관한 용어를 입에 올리지 않았다. 성은 이성적이지도 합리적이지도 않으며, 아름답지 않은 동물적인 것이라고 생각했기 때문이다. 어쩔 수 없이 인간의 성기를 의학적으로 언급해야 할 경우에는 라틴어로 된 전문용어를 사용했다.

하지만 프로이트는 자신의 글에서 성에 관한 단어를 모두 독일어로 쓰기 시작했다. 소위 사회의 하층민들이 술을 먹었을 때나 쓰는 노골적인 표현을 글로 썼고, 강의에서는 직접 말했다. 사회적 금기에 정면으로 도전한 것이다. 사람들은 프로이트를 비난했다. 악마 혹은 사악하고 음탕한 사람이라고 하면서 수단과 방법을 가리지 않고 그와 그의 이론을 쓰레기 같다며 매장시키려고 하였다. 이런 반응은 프로이트의 이론이 당대에 얼마나 큰 충격이었는지를 잘 보여주고 있다. 이성과 합리성을 중시했던 계몽주의자들, 눈에 보이는 화려함과 아름다움을 추구하는 낭만주의자들의 놀이터에 폭탄을 던진 격이다.

억눌린 마음은 끊임없이 올라온다

프로이트는 인간의 마음과 행동은 이성적이고 합리적인 의식이 아니라 이와 반대인 무의식의 영향을 받는다고 보았다. 무의식이 생기는 이유는 간단하다. 자신의 생각과 감정 중에서 받아들일 수 없는 것을 억압을 통해 무의식으로 만들어 놓기 때문이다. 프로이트 당시에는 성이 주된 주제였지만 세계 1차 대전 이후, 인간의 중요한 본성인 공격성도 억압되어 무의식으로 만들어질 수 있음이 인정되었다. 성과 공격성은 그때나 지금이나 여전한 사회적 금기다. 언론에 보도되는 온갖 사건과 사고 중 사람들이 가장 격렬하게 반응하는 주제가 여전히 성(성범죄, 변태성욕, 근친상간, 외도 등)과 공격성(분노 조절 장애, 갑질, 근친살해, 자해와 자살 등)이라는 것만 봐도 알 수 있다. 프로이트 사후 그의 추종자들은 무의식의 내용에 대인관계 욕구를 추가했다. 갈수록 복잡해지는 문명사회에서 대인관계 욕구는 채워지기 어렵고, 상처 받기 쉬운 영역이기 때문이다.

성이나 공격성, 대인관계를 비롯해 무의식에 자리 잡은 것은, 무엇이든 인간에게 반드시 필요한 것이다. 그러나 사회적으로, 심리적으로 인정하고 수용하며 제대로 표현할 수도 없어서 일단 억압을 한 것이다. 당장은 억압을 통해 마치 성욕이 없는 것처럼, 공격성이 사라진 것처럼, 대인관계가 전혀 문제 되지 않는 것처럼 살아갈 수 있지만 이는 미봉책일 뿐이다. 인간은 그렇게 살 수가 없는 존재다. 그래서 억눌린 마음, 즉 무의식은 끊임없이 의식으로 올라오려고 한다. 그렇다고 의식은 무의식을 쉽게 받아들일 수가 없다. 오죽 힘들었으면 무의식으로 밀어 넣었겠는가! 결국 우리의 마음은 의식으로 솟구치려는 무의식, 이런 무의식을 억누르려는 의식이 대립하는 긴장상태에 놓여 있다. 프로이트는 작용-반작용의 법칙처럼 의식과 무의식이 힘겨루기를 하고 있다고 말했다. 이렇게 우리의 마음에서 여러 힘들의 균형과 견제가 이루어지고 있는 것을 가리켜 역동dynamic이라고 한다.

마음을 의식과 무의식의 영역으로 구분하는 프로이트의 초기 이론을 다른 말로 지형학적 모형topographical model이라고 한다. 마치 마음의 지도를 그리듯 마음의 영역을 의식과 무의식으로 설정했다고 해서 붙여진 이름이다. 참고로 지형학적 모형에서 종종 언급되는 것이 전의식preconsciousness이다. 전의식이란 의식과 무의식 사이에 위치하고 있으며, 잠깐의 노력으로 쉽게 의식화시킬 수 있는 기억을 의미한다. 프로이트는 전의식을 무의식의 일부로도 보고 있기 때문에 정신분석에서 전의식의 중요성은 크지 않다.

지형학적 모형은 종종 바다에 떠 있는 빙산으로 표현된다. 물 위로 나온 부분은 적지만 그 아래에는 엄청난 크기의 빙산이 있듯이, 우리가 아는 의식은 마음의 일부분일 뿐이라는 것이다. 정신분석 입장에서는 무의식의 중요성을 강조하기 위해 종종 타이타닉호를 예로 든다. 1912년, 세계 최대의 여객선인 타이타닉호가 영국을 출발해 미국 뉴욕을 향하고 있었다. 그러던 중 작은 빙산을 만났고, 선장은 대수롭지 않게 여겨서 빙산을 살짝 비켜 가도록 조치했다고 한다. 안타깝게도 물 위의 빙산이 전부가 아니었다. 물 아래에는 엄청난 크기의 빙산이 있었다. 결국 세계 최대의 여객선은 1,500여 명의 사망자를 내고 북대서양으로 가라앉았다. 이처럼 우리 마음 중에서 의식은 빙산의 일각일 뿐이라고 정신분석가들은 주장한다. 인식하고 있지는 않지만 우리 마음의 저편에 있는 무의식은 엄청나게 크고 그 위력 또한 대단하여, 그냥 무시해버리고 살면 그 결과는 끔찍할 수 있다는 것이다.

만약 의식으로 올라오려는 무의식을 잘 방어하고 억압에 계속 성공하면 일상을 살아가는 데 큰 문제가 없을 것이다. 아무리 힘들어도 힘든 마음을 느끼지 못하면 일단은 힘들지 않은 것처럼 살 수 있기 때문이다. 그러나 무의식은 그렇게 호락호락하지 않다. 작용-반작용의 법칙처럼 억압할수록 더 강하게 의식으로 올라오려고 하기 때문에, 의식이 약해진 틈을 타서 결국 우리의 마음으로 떠오른다.

의식의 경계가 약해지는 대표적인 경우가 수면이다. 몸과 마음이 편안히 이완된 상태에서 무의식은 의식으로 나오게 되어, 우리의 꿈으로 표현된다. 물론 무의식의 내용이 그대로 꿈에 나타나는 것은 아니다. 무의식은 상상만으로도 몸서리치게 불편한 내용이기 때문에 몇 단계의 왜곡을 통해서 의식이 받아들일 수 있을 정도의 꿈으로 드러난다. 프로이트는 이처럼 사람들이 기억하는 꿈을 현재몽manifest content

이라 하면서, 이것은 진짜 무의식을 그대로 반영하는 잠재몽latent content의 왜곡된 결과라고 말했다. 이처럼 잠재몽이 현재몽으로 바뀌는 과정을 꿈 작업dream-work이라 하고, 반대로 현재몽을 통해 잠재몽을 알아내는 과정을 꿈의 해석interpretation of dream이라고 한다. 프로이트는 '꿈은 무의식에 이르는 왕도Dreams are the Royal Road to the Unconscious'라고 표현하기까지 했다. 꿈과 무의식의 관계는 프로이트의 대표 저술《꿈의 해석》에 자세히 나와 있다.

무의식이 의식의 경계를 뚫는 또 다른 순간은 우리가 일상에서 경험하는 실수와 실언이다. 프로이트는《일상생활의 정신 병리학》에서 인간의 모든 실수 행위에는 이유가 있다고 지적한다. 언뜻 보기에는 단순한 착오나 실수처럼 보이지만, 그것을 잘 분석해 보면 무의식적인 욕구가 개입되어 있다는 것이다. 프로이트가 들었던 예시 중 하나는 독일 국회의원의 실언이다. 독일 황제에게 질의응답을 해야 하는 순간에 어떤 국회의원은 "숨김없이rückhaltlos 진실을 말씀해 주십시오"라고 말하지 않고 "척추없이rückhaltlos 진실을 말씀해 주십시오"라고 말했다고 한다. 그 국회의원은 황제에게 이런 부탁을 한다는 것이 너무나 송구하고 죄송해서, 또 한편으로는 나중에 자신이 어떤 불이익을 받을지도 모른다는 두려움에 자신도 모르게 '척추없이', 즉 핵심을 빼고 대충 말해도 된다는 실언을 한 것이다.

의식으로 솟구치려는 무의식의 힘을 더 이상 막을 수

없을 때 마지막으로 사용하는 방법은 증상으로 바꿔 버리는 것이다. 도저히 받아들일 수 없는 엄청난 감정과 욕구에 휩싸여서 정신이 붕괴되기보다는 차라리 시각, 후각, 미각 같은 감각 기관의 이상이나 팔다리의 마비 같은 수의적 운동에 문제가 생기는 편이 훨씬 낫기 때문이다.

마음의 본성, 에로스와 타나토스

사람들은 프로이트를 오해한다. 이성과 합리성으로 대표되는 의식보다는 감정과 욕구로 가득한 무의식 만세를 외친 사람이라고 생각한다. 그러나 잘 생각해 보면 그 반대라는 것, 즉 무의식이 아닌 의식 만세를 외친 사람이라는 것을 알 수 있다. 프로이트는 정신분석 치료의 목적이 무의식을 의식화하는 것이라고 했다. 무의식에 지배받지 말고 의식의 영역을 확대하자는 것이다. 이것은 무의식 중심이 아니라 의식 중심이다.

그렇다면 왜 무의식을 의식화해야 할까? 무의식의 내용인 성과 공격성, 그리고 대인관계 욕구 자체가 나쁜 것이 아니라 인간 본연의 것이기 때문이다. 사람들은 성이라고 하면 사정과 오르가슴 같은 직접적 섹스 행위를 떠올린다. 사실 프로이트에게 성이란 섹스 이상의 포괄적인 의미였다. 행복하고자 하는 것, 성공하고자 하는 것, 사람들에게 인정받고자 하는 것, 아름답고자 하는 것 등 삶에 대한 애착과 열의를 의미했다. 이런 면에서 성적 추동을 다른 말로 삶의 추동, 즉 에로스 Eros라고 한다. 사람들의 삶을 잘 들여다보면 거의 모든 행동이 에로스로 설명된다.

에로스로 사람의 행동을 이해하고 설명할 수 있다고 생각한 프로이트에게 세계 1차 대전은 충격이었다. 프로이트는 전쟁에서 아들을 잃기도 했다. 성공과 발전, 행복과는 전혀 무관한 전쟁, 서로를 미워하고 죽이고 파괴하는 전쟁은 에로스로 도저히 설명 불가능했다. 프로이트는 고민 끝에 자신이 그동안 놓치고 있던 인간의 본성을 깨닫게 되었다. 바로 공격성이다. 다른 말로 죽음의 추동, 타나토스Thanatos라고도 한다. 에로스가 잘 살고자 하는 욕구라면, 타나토스는 죽고자 하는 욕구를 말한다. 삶을 향할 때 죽음은 끔찍하게 보이고 외면하고 회피하고 싶지만, 사실 모든 생명체는 생명을 가지는 순간부터 죽음을 향해 달려가고 있지 않은가! 열심히 살다가도 어느 순간 모든 것을 놓아버리고 싶은 마음을 느끼는 것도 자연스러운 일이다. 아이들을 보라. 장난감으로 자신이 원하는 것을 열심히 만든다. 삶의 추동 덕분이다. 그런데 다 만든 후에는 스스로 그것을 무너뜨리기도 한다. 죽음의 추동이 작동하는 순간이다.

프로이트는 에로스와 타나토스는 그 자체로 악하고 추하고 나쁘고 더러운 것이 아니라, 인간의 고유한 모습이며 이것을 인정하고 잘 받아들여야 정말 인간다운 삶을 살 수 있다고 주장했다. 성과 공격성에 압도당하지 말고, 그것을 통제영역으로 가져와야 한다는 것이 프로이트의 생각이었다.

그러기 위해서는 먼저 무의식에 접근해야 한다. 무의식에 어떻게 접근할 수 있을까? 사실 무의식에 접근하고 그것을 의식화하는 과정은 고통스러울 수밖에 없다. 힘들어서 인정하고 싶지 않아서 무의식을 만들었는데, 다시 접근해야 한다니! 당장의 증상 때문에 힘들어서 프로이트를 찾아왔지만, 사람들은 정작 자신의 마음에 무엇이 있는지 감도 잡지 못하고 있었다. 그래서 프로이트가 처음에 사용한 방법은 최면이었다. 그러나 최면은 분명한 한계가 있었다. 최면에 걸리는 사람도 있지만, 최면에 걸리지 않는 사람도 있었다. 또 최면 상태에서는 의식의 저항을 쉽게 이겨내고 무의식을 떠올릴 수 있었지만, 최면에서 깬 다음에는 자신이 한 말도 기억하지 못하는 경우가 많았다. 정신분석의 목적은 무의식을 단지 탐색하는 것이 아니라, 의식의 영역으로 가져오는 것이기에 최면은 한계가 분명했다.

그래서 프로이트는 최면을 버리고 자유 연상free association을 택했다. 자유 연상은 분명한 의식 상태에서 머릿속에 떠오르는 대로 이야기하는 방법이다. 과거의 사건, 이미지, 느낌, 감정, 욕구 등 그것이 무엇이든 이야기하도록 격려한다. 때로는 수치스럽고 죄책감이 들며, 당황스럽고 인정하기 어려운 것이더라도 피하지 말고 의지적 노력으로 맞서야만 제대로 할 수 있다. 결국 자유 연상은 무의식에 당당히 맞서겠다는 인간의 이성과 합리성에 대한 믿음의 결과다. 정신분석의 시작을 1896년으로 보는 이유 중 하나도 이때부터 프로이트가 최면 대신 자유 연상 기법을 사용했기 때문이다.

의식보다는 무의식을 중시했다는 것과 함께 프로이트가 받고 있는 또 다른 오해가 있다. 그것은 바로 인간을 욕구에 사로잡힌 동물 같은 존재로 폄하했다는 것이다. 당연히 욕구라는 차원에서 인간에게는 동물과 비슷한 부분이 있지만 프로이트는 차이점에 주목했다. 프로이트는 성과 공격성 같은 인간의 욕구를 표현할 때 본능instinct이라고 표현하지 않고, 추동drive이라고 표현했다. 본능은 동물의 것이고, 추동은 인간의 것이라고 구분했다. 차이는 이렇다. 본능은 생물학적 시계에 따라 무조건 발현될 수밖에 없다. 짝짓기를 해야 할 때가 되면 서로의 욕구가 맞는 개체끼리 본능대로 짝짓기를 하는 것이다. 하지만 인간은 다르다. 단지 욕구가 있다고 짝짓기를 할 수 있는 것은 아니기 때문이다. 사회적, 심리적, 환경적 배경 등 다양한 이유 때문에 제대로 해소되지 못할 수 있다는 점에서 프로이트는 인간의 욕구를 줄곧 추동이라고 표현했다.

어찌 보면 프로이트는 계몽주의와 낭만주의의 정신을 부정한 사람이 아니다. 오히려 계몽주의와 낭만주의의 편협한 시각을 비판하고 제대로 된 계몽과 낭만의 정신을 추구한 사람이라고 할 수 있다. 인간의 성과 공격성을 본능 수준에서 따라 욕구의 해소에만 머무르지 않고, 무의식을 의식화하여 이성과 합리성의 통제 아래 두고 인간 고유의 아름다움을 회복하자는 것이 프로이트의 핵심 사상인 셈이다.

프로이트가 말하는 인간의 마음

‡

1. 자신의 마음이지만 모르는 마음이 훨씬 많다

수십 년 전만 해도 어르신들 중에는 몸이 아프신 것 같으니 병원에 가자는 자녀들의 말에 "내 몸은 내가 제일 잘 알아! 난 아픈 게 아냐. 요즘 잠을 못 자서 피곤해서 그래. 좀 쉬면 나아질 거야. 난 병원에 안 가!"라면서 고집을 피우는 분들이 계셨다. 현대의학에 대한 불신과 무지 때문이었다. 요즘은 이런 분들이 거의 없다. 인식이 많이 달라져서 오히려 어르신들이 조금만 아파도 병원을 찾는다.

몸에 대해서는 전문가보다 스스로가 더 잘 안다는 착각을 거의 하지 않지만, 마음에 대해서는 그렇게 착각하는 사람들이 많다. 상담을 받아 보라는 주변의 권유에 "내 마음은 내가 잘 알아! 상담 필요 없어"라고 대꾸한다. 과연 그럴까? 프로이트는 정신분석을 통해 마음에는 자신이 알고 있는 마음(의식)보다 모르는 마음(무의식)이 훨씬 더 많다고 주장한다. 자신의 마음을 자신이 가장 잘 알 거라는 생각은 착각이다.

2. 마음을 스스로 알기 어렵다면 전문가의 도움을 구하자

어떤 분들은 자신의 마음을 누군가의 도움 없이 스스로 이해하고 파악할 수 있다고 생각한다. 이를 위해 혼자서 일기를 쓰거나 명상을 하고, 책을 읽는 등의 활동이면 충분하다고 한다. 아예 불가능하지는 않다. 몸이 아플 때도 의사로부터 진단은

받되, 처방해 준 약 대신 자기만의 민간요법으로 병을 고치려는 사람들도 있으니 말이다. 물론 성공하는 경우도 있으나, 이런 자가치유를 보편적으로 적용해서는 안 된다. 전문가들도 예상치 못한 문제 상황이 자주 벌어지기 때문에, 전문가의 도움이 필요하다. 몸도 마음도 마찬가지다. 특히 마음에 있는 무의식은 스스로를 보호하기 위해 방어를 단단히 하고 있다. 그 방어를 깨고 무의식에 접근하기 위해서는 혼자만의 노력으로는 불가능하다. 반드시 전문가의 도움이 필요하다.

3. 진짜 행복을 얻기 위해서는 고통받을 용기가 필요하다

정신분석의 치료 목표는 무의식의 의식화다. 자신의 마음에 자신이 모르는 마음이 있다는 사실을 인정하고 전문가의 도움을 받아 무의식에 접근한다고 끝이 아니다. 가장 중요한 건 자신의 마음에서 발견한 감정과 생각을 마주하는 것이다. 무의식은 우리가 받아들일 수 없어서 마음 한편에 묻어놓고 덮어놓았던 것들이기 때문에, 다시 그것을 마주하는 일은 결코 쉽지 않다.

실제로 상담센터를 찾아와 자신의 핵심 문제를 발견했을 때, 많은 사람들은 상담을 일방적으로 종결해버린다. 달라지기 위해서, 변화하기 위해서는 고통을 감내해야 하기 때문이다. 상처의 치유를 쉽게 말하는 사람들도 있지만, 이들은 진정한 의미의 치유를 모른다. 치유는 아름답지 않다. 오히려 상처 받을 때보다 더 큰 고통이 수반된다.

예를 들어 길을 가다가 갑자기 누가 쏜 화살에 맞았다고 해 보자. 화살에 맞은 고통이 상당할 것이다. 준비할 수도 없었고, 예상할 수도 없어서 매우 놀라고 또 살에 박힌 화살 때문에 상당히 아플 것이다. 그래서 화살을 제거하려고 치료자에게 찾아갔다고 하자. 마취를 할 수 없는 상황이라면, 치료자는 그대로 빼려고 할 것이다. 그런데 화살촉을 보면 들어갈 때는 뾰족한 부분이 한 개지만, 나올 때는 뾰족한 부분이 두 개다. 화살을 맞을 때는 갑자기 맞았지만, 뺄 때는 치료자가 다가와서 빼는 그 순간까지 공포에 압도되고 실제의 고통도 배가 된다. 화살을 맞을 때보다 화살을 뺄 때가 더 아픈 법이다.

우리 마음도 이와 같다. 몸의 아픔을 치유할 때는 마취를 할 수 있지만, 마음의 아픔을 치료할 때는 마취도 할 수 없다. 그동안 잊고 살았던 슬픔과 우울, 분노와 절망감을 다시 마주해야 한다. 이 때문에 많은 사람들이 아픈 마음의 치유를 포기한다. 그러나 프로이트는 말한다. 무의식에 접근하는 것은 결코 쉽지 않고 당장에는 더 큰 고통을 경험하겠지만, 그것을 마주할 용기를 내야 한다고 말이다. 그러면 누군가에 의해 상처 받은 마음에 휘둘리는 삶이 아니라, 내가 온전히 지배할 수 있는 삶을 살게 될 것이라고 말이다.

세상에서 나를
가장 싫어하는 사람은 나다

Chapter 2.

칼 융

Carl G. Jung

내 삶의 방향성을 알려주는 마음

‡

올해 오십이 된 지선 씨는 요즘 자기 자신이 뭔가 달라지고 있음을 느낀다. 원래는 감정을 표현하지 않는 스타일이었는데, 요즘에는 표현하고 싶은 마음이 강하게 든다. 어쩌면 표현하지 않을 수 없을 정도로 감정을 크게 느끼기 때문일지도 모르겠다. '좋다', '싫다', '실망스럽다', '화난다', '슬프다'는 감정을 드러내면 주변 사람들이 놀라고 걱정한다. 워낙 마음을 드러내지 않고 살았던 사람이었으니 말이다. 지선 씨는 주변의 반응이 불편해 그냥 예전처럼 입 다물고 살려고 결심도 했지만 허사였다. 입을 닫았더니 표정이나 행동 등 비언어적 방식으로 감정이 계속 드러났기 때문이다.

20년 동안 함께 지내고 있는 남편은 갱년기 때문에 아내가 변했다고 생각했다. 물론 지선 씨에게 갱년기 증상이 없는 것은 아니다. 불면이 며칠 동안 계속되기도 하고, 피로감을 자주 느낀다. 몸도 자주 아프다. 이 때문에 감정이 더 예민해지는 것도 사실이다. 그러나 지선 씨는 단지 갱년기 때문만은 아니라고 확신한다. 왜냐하면 자신의 변화가 감정 표현에만 국한된 것은 아니었기 때문이다. 관심사도 크게 변했다.

대학을 졸업하고 곧바로 입사한 외국계 기업에서 승승장구하던 지선 씨는 결혼 후에도 일을 쉬지 않았다. 아이를 갖기 위해서 할 수 있는 노력을 다했지만, 결과적으로 아이가 생기지 않았다. 잠시 우울했지만 감정에 휘둘리지 않으려고 애썼다. 불임부부라는 사실을 받아들이고서는 더욱 일에 매진했다. 연봉도 많이 올랐고, 욜로YOLO족처럼 현재의 즐거움을 위해 살았다. 철마다 명품가방과 옷을 샀고, 해마다 차를 바꿨다. 해외여행도 자주 다녔으며, 집도 조금씩 넓혀갔다. 남들이 부러워할 만한 모든 것을 가지고 있었다. 보통 이런 경우는 모든 것이 다 있어도 아이가 없어 우울하고 힘들어하는데, 그녀는 그렇지 않았다. 자신의 운명이라 생각하고 일찍 마음을 접었기 때문이다.

이처럼 지선 씨는 지금까지 편하고 안락한 삶, 즐겁고 화려한 삶을 추구했다. 동시에 일희일비하지 않는 평온한 마음을 최고로 여겼다. 불임이라는 진단을 받았을 때도, 수많은 시술이 실패했을 때도 감정의 동요가 크지 않았고 이를 당연하게 여겼다. 사람들은 그녀를 부러워했다. 그녀와 친분이 많지 않은 사람은 그녀의 외적 조건을 부러워했지만, 그녀를 잘 아는 사람은 내면의 평온함을 더 부러워했다. 심지어 지선 씨의 남편도 자신의 아내를 대단한 사람이라고 인정했다. 지선 씨는 이렇게 남편을 비롯해 주변 사람들이 자신을 부러워한다는 사실이 한편으로는 부담스러우면서도 당연하게 느껴졌다. 지선 씨도 스스로를 대견하다고 생각했기 때문이다.

그런데 요즘은 작은 일에도 즐거움과 슬픔, 행복과 분노를 크게 느낀다. 또 남편과의 관계에서도 원래 말이 적은 편이었고 오히려 남편이 말수가 많은 편이었는데 이제는 지선 씨의 수다가 남편을 압도하기 시작했다. 비싼 명품을 사는 일에도, 집을 넓히고 인테리어를 신경 쓰는 일에도 흥미가 사라졌다. 대신 심리학이나 철학에 빠져들었다. 늘 성과 위주의 삶을 살았던 지선 씨는 그동안 인문학을 무시해왔다. 무능력한 사람들이 현실에서 도피하기 위해 찾는 학문 정도로 생각했다. 하지만 요즘은 관련 서적을 탐독한다. 혼자서 책을 읽기도 하고 또 도서관이나 시민대학의 인문학 강좌도 수강한다. 강의에서 알게 된 사람들과 스스럼없이 어울리기도 했다. 예전 같으면 '할 일 없어 빈둥거리는 인간들'로 취급했을 사람들이었다.

확실히 지선 씨의 변화는 갱년기로만 설명하기 어려웠다. 지선 씨는 자신의 이런 변화가 낯설게 느껴졌지만 싫지 않았다. 그동안 느껴보지 못했던 삶에 대한 열망과 사람에 대한 흥미가 느껴졌기 때문이다. 정작 그녀의 변화에 적응하지 못한 사람은 남편이었다.

> "당신 요즘 정말 이상해, 내가 20년 동안 함께 산 그 사람이 맞나 싶어. 예전에는 늘 성과 위주였잖아. 비록 겉으로 내색은 안 했지만 사람들의 시선을 중요시하면서도, 사람들이 늘 싫다고 했는데 말이야. 요즘은 전혀 다른 사람이 된 것 같아. 도대체 무슨 일이 있는 거야?"
> "여보, 나도 내가 요즘 왜 이러는지 모르겠어. 굳이 말을 해 보자면 지금까지는 내가 억지로 내 마음을 만들어갔다면 요즘에는 내 마음이 어디론가 나를 이끌어가는 것 같아. 그래서 일단 마음 가는 대로 살아보려고 하고 있어. 지금까지 돈도 벌 만큼 벌었고, 성공도 할 만큼 했으니 이제는 내가 하고 싶은 데로 살아도 되지 않겠어?"

물론 남편은 지지한다고 말했다. 남편은 단지 아내의 이런 변화가 익숙하지 않았고, 혹시 심경에 큰 변화가 있는 것은 아닌지 걱정이 됐을 뿐이었다. 하지만 마음이 자신을 끌어간다는 아내의 이야기를 듣고는 고개를 끄덕거렸다. 정확히 표현하기는 어려워도, 그 느낌이 무엇인지 알 것 같기 때문이었다.

중년의 위기 vs 중년의 기회

'중년'이라고 하면 많은 사람들은 '위기'라는 단어를 떠올린다. 언제부터 '중년'과 '위기'가 짝지어졌을까? 1965년 캐나다의 정신분석학자 엘리엇 자크Elliott Jaques가 중년의 위기Midlife Crisis라는 말을 언급하면서부터였다. 그는 중년이란 젊음의 상실을 경험하는 동시에, 다가오는 노화와 죽음에 대한 두려움이 시작되는 시기, 그리고 이전처럼 성취할 수 없을 거란 생각에 불안과 우울 등 부정적 감정을 느끼는 시기라고 했다.

더 나은 미래를 꿈꾸는 존재, 그 꿈으로 오늘의 에너지를 얻는 존재로만 사람을 본다면 중년은 분명 위기다. 젊을 때는 더 나은 미래를 꿈꿀 수 있지만, 중년이 되면 현실적으로 그럴 수 없기 때문이다. 더 이상 나아질 가능성 없이 내리막길만 남았다고 생각하면 당연히 위기감을 느끼지 않겠는가!

그러나 중년의 위기가 명확하게 정의될 수 있는지, 또 얼마나 많은 사람들이 어떤 식으로 겪는지에 대해서 논란이 있다. 자크는 객관적 자료를 수집해 통계적으로 검증하는 식으로 자신의 주장을 펼친 것은 아니었다. 정신분석학자답게 자신이 치료 장면에서 만났던 내담자들과의 면담을 기반으로, 또 정신분석이라는 이론을 기반으로 주장을 펼쳤다. 실제로 그가 중년의 위기라는 개념을 발표한 것은 국제정신분석학회지International Journal of Psychoanalysis였다.

정신분석에서는 인간을 움직이게 하는 욕망에 두 종류

가 있다고 한다. 하나는 성적 추동 혹은 삶의 동기라고 하는 에로스고, 또 하나는 공격적 추동 혹은 죽음의 동기라고 하는 타나토스다. 자크는 중년이 되면 점차 임박한 죽음에 대한 두려움, 즉 타나토스에 의해 사람들의 삶이 움직인다고 생각한 것이다.

실제로 많은 사람들이 노화와 죽음을 멀리하고 싶어 하고, 젊음을 동경한다. 이런 면에서 노화와 죽음이 자신에게도 피할 수 없는 운명이라는 사실을 깨닫기 시작하는 중년의 삶은 분명 위기라고 할 수 있을 것이다. 그런데 중년을 위기라고 보는 관점과 정반대의 관점이 있다. 위기가 아니라 기회라는 것이다. 이런 주장을 한 사람은 융이다. 융은 중년이야말로 자기를 찾아가는 여정, 즉 자기실현이 시작되는 때라고 보았다.

융은 왜 중년을 주목했을까? 그 이유는 이렇다. 젊었을 때는 관심이 세상을 향해 쏠려있다. 자신의 마음에 관심을 가지기보다는 타인의 인정과 관심, 돈과 명예, 권력 등에 관심을 가진다. 더 좋은 조건을 갖기 위해 열심히 노력하고 애쓴다. 눈으로 보이는, 겉으로 드러나는 것에 온 신경을 쓴다. 또 에너지가 많은 탓에 충동적이기까지 하다. 내면의 평안을 추구한다고 하더라도 자신의 만족이 아닌 뭔가 있어 보이는 사람처럼 보이고 싶은 마음이 크다. 이처럼 타인의 관점에서 자신의 삶을 살아가는 상태를 소위 육체적 인간이라고 한다.

시간이 지나 중년이 되면 모든 것이 달라진다. 충동성이 줄어들어 삶이 안정되며, 관심 또한 세상이 아닌 내면을 향한다. 자신이 그동안 간절히 원했던 외적 조건이 아니라, 삶의 본질에 대해 더 큰 가치를 부여하게 된다. 인류가 대를 이어 전달하는 문화에 관심을 가지는가 하면, 젊었을 때는 거들떠보지도 않았던 예술에도 상당한 관심을 갖게 되는 소위 정신적 인간으로 변모한다. 이때는 자신의 관점에서 삶을 살아간다.

지선 씨도 그랬다. 오십이 되기 전까지는 사람들이 부러워할 만한 삶을 살았다. 누구에게나 좋은 사람이려고 했다. 그리고 그녀의 노력은 확실히 성공적이었다. 심지어 가장 가까운 남편마저도 그녀를 인정할 정도였으니 말이다. 그러나 오십이 되면서 그녀의 관심은 내면을 향하기 시작했다. 그동안 관심을 갖고 있던 인간이란 존재에 대해, 관계에 대해, 마음에 대해 관심을 가지게 된 것이다. 도대체 무엇이 그녀를 변화시켰을까? 융은 집단무의식에 답이 있다고 말했다.

나의 무의식을 넘어, 우리의 무의식

우리의 마음에는 우리 자신도 알지 못하는 마음, 즉 무의식이 있다는 것이 정신분석의 핵심 주장이다. 자신의 마음을 온전히 다 알지 못한다는 이 주장은 계몽주의자들 입장에서는 받아들이기 어려운 것이었지만 마음의 병으로 고통받는 이들을 마주하던 현장가들에게는 너무나 당연한 사실이었다. 융도 정신병원에서 환자들을 만나 치료하면서, 환자들이 스스로도 알지 못하는 자신의 마음에 압도되는 것을 너무나 많이 지켜봤다. 그래서 프로이트의 글을 읽었을 때 그 통찰에 감탄해 마지않았던 것이다.

그런데 융은 인간의 무의식을 오로지 성性으로만 이해하려고 했던 프로이트의 완고함 때문에 그와 결별했다. 융은 자신의 경험을 통해, 인간의 무의식은 성을 넘어선다고 판단했기 때문이다. 성도 중요하나, 무의식을 성으로만 국한시킬 경우 인간의 마음을 제대로 설명하지 못한다고 여겼다.

프로이트와 갈라선 융은 자신의 경험을 설명할 수 있는 이론을 만들고 분석심리학analytical psychology이라는 이름을 붙였다. 명칭만 놓고 보면 정신분석과 분석심리학은 비슷하다. 둘 다 '마음'과 '분석'이라는 단어로 이루어졌기 때문이다. 그래서 어떤 이들은 융의 분석심리학이 프로이트의 정신분석을 계승 발전한 것이라고 말한다. 하지만 이런 주장을 하는 사람들은 융을 배신자로 여기는 프로이트의 후계자들이거나, 융을 잘 모르는 사람들이다.

융의 이론을 자세히 살펴보면 무의식이라는 개념만 프로이트와 공통될 뿐 다른 부분에서는 공통점이 거의 없다고 해도 과언이 아니다. 또 무의식이라는 개념 역시 프로이트의 창조물이 아니라, 당시 철학자들 사이에서 널리 통용되고 있었다는 점에서 융이 프로이트에게서 받은 영향은 거의 없다고 해도 무방하다.

두 이론의 차이점은 너무 많지만 가장 중요한 것은 집

단무의식이다. 프로이트에게 있어서 무의식이란 개인의 경험으로 만들어지는 것이었다. 개인마다 경험이 다르니 당연히 무의식의 내용도 다를 수밖에 없다. 물론 성이라는 주제는 공통되지만, 그것이 억압되는 과정에서 있던 사건과 경험은 다르다고 했다.

융은 개인의 경험으로 만들어지는 무의식을 인정했으나, 더 나아가 인류의 경험으로 만들어진 무의식도 있다고 주장한다. 이 둘을 구분하기 위해서 전자를 개인무의식, 후자를 집단무의식이라고 명명했다. 융의 주된 관심은 개인무의식이 아니라 집단무의식이었고, 융이 '무의식'을 언급한다면 그것은 곧 집단무의식을 의미하는 것이다.

인류의 경험이 개인의 마음속에 남는다고? 언뜻 생각하면 쉽게 납득하기 어렵다. 융은 문화인류학적 연구를 통해 이를 증명했다. 모든 문화에는 나름의 신화와 전설, 민담과 민화가 있다. 놀랍게도 여기에는 공통된 상징이 나온다. 가장 대표적으로는 선과 악의 대결이다. 선과 악의 대결은 대개 권선징악으로 끝이 난다. 또 선은 빛으로, 악은 어둠으로 비유되기도 한다. 악인을 물리치는 영웅담은 모든 신화의 공통된 모티브이며, 이 과정에서 영웅을 일으켜 세우는 현자도 빠지지 않고 등장한다. 또한 여신 혹은 어머니, 남신 혹은 아버지라는 상징 역시 거의 모든 문화권에 등장한다.

인류가 모여서 어떤 상징을 사용하자고 논의한 적도 없는데, 어떻게 지구상의 거의 모든 문화권에서 비슷한 상징이 나올 수 있을까? 융은 집단무의식 덕분이라고 한다. 인류의 경험이 우리의 마음에 집단무의식으로 남아 대를 이어서 유전된다고 했다.

프로이트는 무의식으로 만들어진 억압된 기억과 경험, 감정을 떠올려서 우리를 괴롭게 하는 증상을 해소하는 것을 목표로 삼았다. 즉 무의식을 단지 의식에서 받아들일 수 없는 유아기적 욕구와 해결되지 못한 갈등의 창고로 보고, 이것을 의식화하자고 말한 것이다. 무의식의 영역을 축소하여 우리의 삶을 무의식이 지배하지 못하도록 하자고 했다. 이 말은 무의식을 마음에서 몰아내자는 것처럼 들리기도 한다.

그러나 융은 달랐다. 무의식(집단무의식)을 마음에서 몰아내거나 없애야 할 것으로 보지 않았다. 인류의 경험이 녹아들어 있기에 그 자체로 소중하다고 보았다. 집단무의식이 소중한 이유는 단지 신화와 전설, 민담과 민화를 계속 재생산해서 인류의 문화유산을 전달하기 위해서만은 아니다. 개인에게도 집단무의식은 중요하다. 삶의 활력소이자 마음을 성숙하게 하는 창조의 샘이라고 보았다. 또한 집단무의식 덕분에 중년 이후에는 진짜 자신이 누구인지를 찾으려 하게 된다고 했다.

만약 자기실현의 요청을 무시하고 여전히 눈에 보이는 물질적인 것, 외적인 것만을 추구하는 삶을 산다면 어떻게 될까? 몸이 원래의 이치에서 벗어나면 병드는 것처럼, 마음도 당연히 시작해야 할 자기실현을 거부하면 병든다고 했다. 즉 우울이나 불안을 비롯해 각종 심리적 어려움을 겪게 된다는 것이다. 이를 바꿔 말하면 마음이 아프다는 것은 이제 육체적 인간에서 벗어나 정신적 인간으로 변모해야 한다는 무의식의 요청으로 받아들여야 한다는 것이다.

그렇다면 왜 자기실현은 중년에 시작될까? 앞서 언급했듯이 중년 이전에는 외부 세상에 관심을 가진다. 상황과 환경에 따라, 그리고 누구를 만나서 관계 맺느냐에 따라 그에 걸맞게 자신의 다양한 모습을 만들어간다. 이를 가리켜 분화라고 말한다. 모호했던 자신의 마음에서 좋은 것과 싫은 것을 구분하고, 바람직한 것과 그렇지 못한 것을 구분하는 과정인 셈이다. 자기를 찾아가기 위한 지도가 만들어지는 시기라고 할 수 있다. 마음의 지도가 완성되는 시점이 중년이 되어야 자기실현을 시작할 수 있다. 이때는 세상이 아닌 내면세계에 관심을 가지면서, 이전까지 분화되었던 자신의 여러 모습을 하나로 통합하려는 과정을 거치게 된다.

그렇다면 자기실현은 구체적으로 어떻게 진행될까? 이를 알기 위해서는 우리의 마음을 구성하고 있는 여러 구조물, 원형archetype을 이해해야 한다. 원형은 신화나 민담에 등장하는 상징 같은 것들이다. 하지만 단순한 이미지가 아니라 여기에 심리적 에너지가 더해진 상태다. 다시 말해 우리의 마음에는 선과 악, 영웅, 현자, 어머니, 아버지 같은 모습이 있다는 것이다. 단지 이것이 이미지로만 있는 것이 아니라 우리로 하여금 어떤 행동을 하게 할 정도로 에너지가 더해진 것이 원형이다. 이 때문에 우리 마음은 끊임없이 꿈틀거리면서 내적 갈등을 일으키기도 하고, 또 현실에서 살아갈 에너지원이 되기도 한다.

자기실현을 하는 과정은 결국 내 마음에 있는 원형들을 만나서 이해하고 분석하고 통합하는 작업이라고 할 수 있다. 원형의 종류는 셀 수 없을 정도로 다양하나 그중에서도 자기실현에서 주로 언급되는 원형들은 페르조나persona, 그림자shadow, 아니마anima/아니무스animus, 자기self다.

내 역할은 내가 아니다

‡

자기실현의 첫 번째 과정은 나(자아)와 역할(페르조나)을 구분하는 것이다. 페르조나는 연극에서 배우들이 쓰는 가면을 의미한다. 어떤 가면을 쓰느냐에 따라 역할이 달라진다. 왕의 가면을 쓰면 왕처럼, 노예의 가면을 쓰면 노예처럼 행동하고 생각하고 느껴야 한다.

가면을 쓰는 사람은 배우만이 아니다. 우리도 각자의 삶에서 환경에 걸맞은 역할을 하기 위해 가면을 쓴다. 어렸을 때는 자녀라는 역할, 형이나 동생이라는 역할을 한다. 학교에 가면 학생이라는 역할을 하고, 또 학생이라는 역할과 동시에 회장, 부회장, 청소반장 같은 역할도 한다. 사회에 나와 일을 하면 역할이 더욱 강조된다. 자기 사업을 하는 사람은 사장이라는 역할, 회사에 취직한 사람은 직급에 따른 역할을 수행한다. 간단히 생각하면 모든 직업이 곧 페르조나다. 직업이 아니더라도 우리는 사람들과 함께 있을 때면 항상 특정 역할을 하는 경우가 많다. 주도적 역할, 순응적 역할, 보조자 역할, 웃기는 역할, 문제를 제기하는 역할 등 이 모든 것이 페르조나다.

페르조나가 이렇게 당연하고 자연스러운 것이다 보니 사람들은 페르조나와 자신을 동일시한다. 마치 가면이 얼굴에 붙어버린 격이다. 이것이 실제 가면이라면 억지로라도 떼어내고 역할이 아닌 자기 자신으로서 살아갈 수 있겠으나 페르조나는 실제 가면이 아니다. 또 워낙 자연스럽게 우리의 삶에 녹아들어 있어 사람들은 자신과 페르조나를 구분하지 못한다.

일례로 직업 군인은 부대에 있을 때는 군인이지만, 집으로 돌아오면 군인의 가면을 벗고 다른 가면을 써야 한다. 집에 오면 자녀와 배우자에게 명령하면서 복종을 강요하는 것이 아니라, 배우자와 동등한 입장에서 의견을 조율하면서 자녀와 눈높이를 맞출 필요가 있다. 학교에서 학생들을 가르치는 교사도 자녀와 함께 있을 때는 부모 역할을, 배우자와 함께 있을 때는 배우자의 역할을 해야 한다. 만약 자녀와 배우자를 학생 가르치듯 한다면 갈등은 불 보듯 뻔한 일이다.

특히 직업이라는 페르조나와의 동일시가 심한 사람은 직업의 성공과 실패를 자기 인생의 성공과 실패로 받아들인다. 또한 직업을 바꾸는 것이나 은퇴를 두려워한다. 일을 쉬면 불안해하고, 일이 많으면 힘들어한다. 워커홀릭이 될 가능성도 높고, 소진되기도 쉽다. 이들은 일에서나 인간관계에서 힘들 때마다 누구와도 연락하지 않고 혼자 지내려고 한다. 사람들 앞에서는 자신이 쓴 가면처럼 자동으로 연기하게 되는데, 이를 멈출 수가 없기 때문에 쉬기 위해서 아무도 없는 곳을 찾는 것이다.

융이 치료했던 한 여성이 있었다. 그 여성은 결혼 후 30년 동안 성실하게 가정주부로 살았으나 남편의 외도를 알고서는 충격을 받아 히스테리성 발작을 일으켰다. 그 여성은 융에게 이렇게 말했다고 한다.

> "저는요, 목사님이 하라는 대로 좋은 일을 도맡아 했습니다. 아이들도 잘 돌보고 남편의 내조도 성실하게 했죠. 누구에게나 친절했으며, 또 저를 아는 모든 사람들은 저를 좋아했습니다. 그런데 나쁜 짓을 한 남편은 뻔뻔스럽게 돌아다니는데, 왜 저는 이런 병에 걸려야 하죠?"

융은 이 여성에게 지금의 상황은 비록 힘들겠지만, 이제는 본격적으로 자기 마음의 소리에 귀를 기울여야 할 때라고 말했다. 사회가 요구한 역할과 자신을 분리하는 것이 필요하다면서 말이다. 이처럼 자기실현의 첫 번째 과정인 자신과 페르조나를 구분하는 것은, 상황에 걸맞게 페르조나를 바꿀 수 있다는 것이고 더 나아가 본래의 자신은 페르조나와 무관하다는 것을 인식하는 것이다.

내가 싫어하는 동성을 찾으라

페르조나와 자신을 구분했다면 그다음은 그림자를 만날 차례다. 우리는 보통 좋고 화려하고 아름다운 것을 추구한다. 한마디로 빛을 향하여 서 있는 꼴이다. 사람들은 현재보다 더 나은 미래를 원하고, 더 발전하기를 소망한다. 그래서 더 배우고 노력하고 애쓴다. 자신의 부족한 점을 발견하여 극복하려고 하고, 좋은 점은 더욱 계발한다. 하지만 이렇게 빛을 향해 걸어간다고 어둠이 사라지는 것은 아니다. 빛을 향하면 뒤에는 그림자가 있기 마련이다. 빛을 바라보고 있는 이상 그림자는 볼 수 없다. 또 빛이 강할수록 그림자도 깊어진다는 역설이 발생한다.

융이 말하는 그림자란 내가 너무 싫어해서 무의식으로 집어넣어 버린 나의 열등한 모습이다. 그림자는 페르조나와 달리 스스로 깨닫기가 어렵다. 융은 우리의 마음을 의식과 개인무의식, 집단무의식으로 구분했다. 페르조나가 의식의 영역에 있어서 잠깐의 생각만으로도 쉽게 발견할 수 있는 것과 달리, 그림자는 개인무의식에 존재한다. 그래서 어떤 경험을 하기 전까지는 잘 인지하지 못한다. 빛을 향해 있기 때문에 그림자를 볼 수 없는 것과 같은 이치다.

그렇다면 그림자를 인지할 수 있는 경험이란 무엇일까? 아무런 이유도 없이 동성의 누군가를 싫어하는 경험이다. 즉 당신이 남성이라면 주변 남자들 중에 이유 없이 싫은 사람이 있는가 생각해 보라. 당신이 여성이라면 주변 여자들 중에 특별히 싸우거나 갈등하지도 않았는데 꼴도 보기 싫은 여자가 있는지 생각해 보라. 처음에는 좋아했다가 어떤 이유로 갈등이 있어서 사이가 틀어진 경우는 제외하라. 정말 몇 번 보지도 않았고, 제대로 된 대화도 안 해 봤으며, 그 사람에 대해서 아는 것이 별로 없는 데도 그냥 무조건 싫은 동성이 있는가?

당신이 그를 그렇게 싫어하는 이유는 당신의 그림자가 투사되고 있기 때문이다. 즉 그 사람에게서 당신이 숨기고 싶어 하는 당신의 모습을 발견해서 싫은 것이다. 다른 말로 당신은 그 사람과 매우 닮았다고 할 수 있다.

'내가 저 사람과 닮았다고? 말도 안 돼! 인정할 수 없어!'

스스로는 인정하기 어려울 것이다. 자신의 어두운 부분, 열등한 모습, 숨기고 싶고 인정하고 싶지 않은 모습은 개인무의식에 있기 때문이다. 이를 확인할 수 있는 간단한 방법이 있다. 당신이 싫어하는 사람과 당신을 모두 알고 있는 제삼자에게 물어보라. 혹시 저 사람과 내가 비슷한 부분이 있느냐고 말이다. 그럼 그 사람은 당연한 것을 왜 묻느냐는 듯이 그렇다고 대답할 것이다.

부모와 자녀 사이의 갈등에서 가장 다루기 힘든 것 중 하나가 엄마와 딸, 혹은 아빠와 아들 같은 서로 동성인 부모자녀 사이의 갈등이다. 이 관계를 다루기 힘든 이유는 그림자와 연관되어 있다. 예를 들어 인간관계를 힘들어하는 엄마는 자신의 딸이 친구 관계에서 힘들어할 때 위로는커녕 엄청난 분노와 비난을 딸에게 쏟아낸다. 자신은 열심히 노력해서 사람들과 잘 지내게 되었는데, 너는 왜 그렇게 하지 못하냐면서 비난한다. 물론 엄마 입장에서는 어느 정도 극복했다고 착각하고 있을지 모르겠지만, 사실 그 엄마에게도 여전히 인간관계는 어려운 숙제 같은 것이다. 스스로도 숨기고 싶고, 떠올리고 싶지도 않은 자신의 열등한 모습을 딸에게서 보았기 때문에 그 화를 주체할 수가 없는 것이다.

아내를 두고 외도했던 아버지가 며느리를 두고 외도하는 아들을 인정하지 못하는 것도, 학창 시절 공부를 못했던 부모가 공부를 못하는 자녀를 싫어하는 것도 마찬가지다. 이처럼 자신들이 숨기고 싶었던 모습을 동성 자녀에게서 발견했을 때 부모와 자녀의 갈등은 걷잡을 수 없다.

이러한 그림자를 어떻게 마주해야 할까? 융은 화해하라고 말한다. 다시 말해 무조건 없애려고, 인정하지 않으려고만 하지 말고 그 모습이 자신에게 있음을 인정하고 안타깝게 여기라고 말한다. 아무리 떼려야 뗄 수 없으니 차라리 끌어안으라는 것이다. 자신의 그림자와 화해를 한 사람은 자신과 닮은 사람을 보아도 화가 덜 난다. 그리고 상대를 더 이해할 수 있다. 이처럼 자신의 어둡고 열등한 부분과 화해하는 것이 자기실현의 두 번째 과정이다.

내가 싫어하는 이성도 찾으라

‡

그림자와 화해했다면 이제는 더 깊은 무의식, 즉 집단무의식에 있는 아니마/아니무스와 만날 차례다. 페르조나가 세상을 향한 역할, 즉 외적 인격이라면 아니마/아니무스는 내면의 인격이라고 할 수 있다. 페르조나가 자신의 성별에 부합하는 모습이라면, 아니마/아니무스는 다른 성별의 특성이다.

사람에게는 자신의 성별과 다른 특성, 즉 이성성이 존재한다. 남성에게는 여성성이, 여성에게는 남성성이 존재한다. 그런데 사회화되면서부터 우리는 사회로부터 자신의 성별에 걸맞은 역할을 요구받는다. 이런 성역할을 충실히 수행하다 보면 자연스럽게 이성성이 억압된다. 단지 억압될 뿐 아니라 무시하고 멸시하는 지경까지 이른다. 그래서 남성의 무의식에는 억압된 여성성인 아니마가 있고 여성의 무의식에는 억압된 남성성인 아니무스가 있는 것이다.

개인무의식에 있는 그림자를 알아차리는 것도 혼자만의 노력으로는 안 되듯이, 아니마/아니무스를 알아차리는 것도 마찬가지다. 그림자가 동성에게 투사된다면, 아니마/아니무스는 이성에게 투사된다. 다만, 개인무의식에 있는 그림자는 개인의 경험에 따라 천차만별의 색깔을 가지지만, 집단무의식에 있는 아니마/아니무스는 인류의 경험이 만들어낸 것이기 때문에 개인차가 크지 않다.

융은 아니마(여성성)의 특성을 감정과 수용, 관계라고

했고 아니무스(남성성)의 특성을 이성과 용기, 명예라고 했다. 오해하지 마시라. 융은 이런 성별의 구분이 옳다거나 사회의 고정관념과 편견이 타당하다는 주장을 했던 것이 아니다. 분명 인류사회는 그동안 왜곡된 성관념과 성차별을 당연시 여겼고, 이 때문에 수많은 여성들이 고통을 받았다. 단지 융이 말하고자 하는 것은 당위가 아닌 현상일 뿐이다. 남성과 여성에게 요구되었던 성역할에 분명한 차이가 있었기 때문에, 사람들은 그 사회에 부응하느라 이성성을 억압했다는 것이다. 보통의 경우 남성에게 있는 억압된 여성성은 감정적인 모습이고, 여성에게 있는 억압된 남성성은 융통성 없이 권위만을 내세우는 모습이다.

큰 틀에서는 이렇게 설명할 수 있지만 보다 세밀한 구분도 가능하다. 자신의 아니마/아니무스가 무엇인지 정확히 알기 위해서는 그림자를 발견했던 것과 같은 방법을 사용하면 된다. 단지 이번에는 동성이 아니라 이성이다. 즉 아무런 이유 없이 첫 느낌부터 좋지 않았고, 계속 불편하고 화가 나서 외면하고 싶은 이성이 있는지를 찾아보자. 그런 사람이 있다면 그것은 자신의 억압된 이성성을 상대방의 모습에서 찾아볼 수 있기 때문이다.

의존적인 여성을 극도로 싫어하는 남성의 아니마는 의존하고 기대고 싶은 마음이다. 이런 남성은 남들이 보기에는 매우 독립적인 삶을 추구하는 것처럼 보이지만, 사실 그 내면에는 의존하고 기대고 싶은 욕구가 억압되어 있다고 할 수 있다. 감정을 여과 없이 표현하는 여성을 혐오하는 남성의 아니마는 감성에 충만한 마음이다. 실제로는 아무런 감정이 없는 것처럼 말하고 행동하더라도 사실 그 내면에는 이런 욕구가 존재한다.

권위와 힘만을 내세우는 남성을 꼰대라면서 혐오하는 여성의 아니무스는 지나치게 강한 자기 확신이라고 할 수 있다. 이런 여성은 다른 사람을 배려하고 이해하는 모습을 내세우지만, 그 내면에는 타인을 무시하는 마음이 있다. 언제나 논리적으로 따지고 드는 남성을 싫어하는 여성의 아니무스는 이성과 논리를 추구하는 마음이다. 스스로를 아주 감성적인 사람이라고 생각할지 모르지만, 역시 그 내면에는 이성과 논리에 대한 갈망이 존재한다.

이성 간에 투사되는 아니마/아니무스가 부부 사이에서 서로에게 투사될 때 부부싸움이 극단으로 치닫게 된다. 사람들은 보통 청년 시절에 연인을 만나 결혼을 하게 되는데, 이때는 자신의 마음이 아직 분명하게 분화되지 않은 때이다. 무엇을 좋아하고 싫어하는지 분명하지 않기에 자신과 정말 잘 맞는 사람을 고르기가 어렵다. 하지만 시간이 지나 10년 이상을 함께 살면서 자신에게 부과되는 성역할에 보다 충실하게 살다 보면, 자연스럽게 이성성의 억압이 심해진다. 그런데 억압된 이성성을 배우자에게 보게 된다면? 상상하기도 어려울 정도의 갈등을 하게 된다. 아내로부터 독립적이고 싶은 남편과 남편에게 의지하고 싶은 아내, 늘 이성적으로 따지는 남편과 감정적으로 맞대응하는 아내. 이런 부부는 서로를 멸시하면서 미워한다. 융에 따르면 이들은 서로에게 억압된 이성성을 투사하고 있을 뿐이다.

그렇다면 아니마/아니무스를 어떻게 마주해야 할까? 그림자와 다르지 않다. 융은 자신의 억압된 이성성과도 화해하라고 말한다. 자신이 그렇게 싫어하는 이성의 모습이 사실은 자신의 일부이므로, 그 보기 싫은 모습을 잘 살펴보고 안아주라고 한다. 이를 부부관계에 적응시켜 보자면 정말 싫어하는 배우자의 모습이 곧 나의 모습이라는 것을 받아들이는 거라고 할 수 있다.

자기실현의 시발점, 곧 종착점

‡

내 역할(페르조나)과 나를 구분하고, 나의 어둡고 열등하고 숨기고 싶은 모습(그림자)도 나라고 인정하며, 자신의 생물학적 성역할에 충실하느라 억압해 두었던 이성성(아니마/아니무스)과 화해를 하고 나면 비로소 마음의 가장 중심부에 있는 자기를 만나게 된다고 융은 말했다.

융이 말하는 원형으로서의 자기self와, 다른 심리학 이론에서 말하는 자기(자아존중감, 자기효능감, 자기확신, 로저스의 자기 개념 등)는 다르다. 다른 심리학 이론에서의 자기는 의식수준에서 생각하는 자기 자신이다. 반면 융의 자기는 마음의 중심, 무의식의 핵심이다. 우리 삶의 근본적 에너지며, 개인의 삶과 인류 전체를 끌어가는 엄청난 힘과 같은 것이다. 그래서 중년 이후에 시작되는 자기실현도 결국 자기의 요청 때문이라고 한다. 이런 면에서 자기는 자기실현의 시발점이자 종착점이라고 할 수 있다. 융은 자신의 삶을 이렇게 표현했다.

"나의 삶은 무의식의 자기실현에 관한 이야기다"

융이 말하는 인간의 마음

1. 진짜 삶과 행복은 중년 이후에 시작된다

많은 이들은 자신의 삶이 20대와 30대에 결정된다고 생각한다. 어느 대학을 가는지, 어떤 직업을 선택하는지, 누구와 결혼하는지가 삶의 성패를 좌우한다고 믿는다. 물론 경제적인 부분만을 생각한다면 어느 정도 일리가 있다. 그러나 이것이 진짜 자신의 삶일까? 그리고 행복을 가져다줄까? 심리학자들은 과학적 연구를 통해 학력, 안정된 직장, 결혼 여부, 경제적 수준, 신체 건강 같은 외적 조건이 행복에 미치는 영향은 불과 10% 미만이라는 사실을 밝혀냈다. 이런 조건보다는 자신의 삶을 어떻게 마주하느냐가 더 중요하다고 말한다.

어떻게 해야 진짜 내 삶에서 행복할 수 있을까? 융은 중년 이후에 시작되는 자기실현에 그 답이 있다고 말한다. 중년 이후 마음의 소리에 귀를 기울이면서 진짜 자신의 삶과 행복을 찾으라고 말한다. 이런 면에서 젊은이들은 당장의 성공과 실패에 연연하지 않아도 된다. 그것이 진짜 자신의 삶도 아니며, 행복을 결정해 주지도 않기 때문이다. 중년 이후 진짜 자신이 누구인지, 진짜 내 삶은 무엇인지 찾을 수 있다면 누구라도 행복해진다.

2. 마음이 힘들고 어렵다는 건 마음을 돌보라는 신호다

정신장애에 대한 오해와 편견이 많이 사라졌지만, 여전히 어떤 사람들은 정신장애를 감염성 질환처럼 생각한다. 몸 밖에서 침투한 바이러스나 세균 때문에 생기는 병 말이다. 그래서 정신장애를 가진 사람과 만나거나 신체적으로 접촉하는 것을 두려워한다. 그러나 정신장애는 누군가로부터 옮는 것이 아니라 잘못된 생활 습관으로 생기는 일종의 비감염성 질환이라고 할 수 있다. 비감염성 질환을 치료하기 위해 선행되어야 할 것은 건강한 생활 습관의 회복이다. 즉 자신의 몸을 잘 돌봐야 한다는 것이다. 정신장애도 그렇다. 우울과 불안을 비롯해 다양한 형태의 심리적 어려움을 겪는다는 것은 우리의 마음을 돌보라는 신호다. 마음은 능동적으로 반응한다. 따라서 우리가 마음을 돌보지 않고, 눈에 보이는 것만을 위해 산다면 마음은 정신장애를 일으켜서라도 마음을 돌보라는 신호를 보낸다. 몸의 신호를 무시하면 건강이 무너지듯이, 마음의 신호를 무시하면 마음은 더 크게 무너진다. 이런 면에서, 마음이 힘들다면 무조건 참기보다는 어떻게든 마음을 돌봐야 한다.

3. 싫어하는 것과 화해하는 게 결국 나와 화해하는 것이다

자기실현을 위해 꼭 거쳐야 하는 관문은 나의 열등한 모습인 그림자, 그리고 내가 억압한 이성성인 아니마/아니무스와 화해하는 것이다. 사람들은 기본적으로 자신을 긍정적으로 생각하는 경향이 있기에, 자신이 싫어하는 사람을 부정적으로 본다. 굳이 자신을 선(善), 상대를 악(惡)이라고 표현하지는 않지만 마음속에서는 이런 구분이 작동된다. 그래서 상대가 틀리고 잘못되고 나쁘다고 생각하여 배척하고 무시하고 멸시하는 마음을 정당화한다.

그런데 놀랍게도 융은 그렇게 싫어하는 모습이 바로 자신의 모습이라고 말한다. 스스로는 모르고 또 인정할 수 없겠지만 그 모습이 자신에게 있고 또 잘 알고 있기에, 상대가 그렇게 미치도록 싫다는 것이다. 사람들은 자신에게 없거나 잘 모르는 면을 보면 궁금하게 여긴다. 반면 자신이 억지로 숨겨놓고, 외면하고, 억압한 모습을 상대가 자유롭고 편안하게 드러내면 즉각적으로 분노한다. 이런 경우 내 의도와 달리 감정이 요동치고, 삶이 흔들리게 된다. 융은 힘들고 어렵겠지만 자신이 싫어하는 것이 자신에게도 있음을 인정하자고 말한다. 내가 싫어하는 사람과 화해해야 자신이 변하고 달라질 수 있기 때문이다.

지금부터 찾아보자. 내가 싫어하는 동성과 이성을 말

이다. 생각만 해도 역겹고 화가 날지라도 그냥 외면하고 회피하지 말자. 자신의 마음을 잘 들여다보면 추악한 모습이 저 사람뿐 아니라 나에게도 있다는 것을 알게 될 것이다. 혼자서 자신의 마음을 끌어안는 것은 별 의미 없다. 제일 좋은 방법은 진짜 사람과 마주 앉아 이야기하고 갈등하고 이해하고 화해하는 것이다. 그것만이 나를 역겹고 추악한 모습으로부터 자유롭게 만드는 방법이다.

어떤 감정으로부터도 도망칠 수 없다

Chapter 3.

프리츠 펄스

Fritz Perls

결정과 선택이 어려운 사람들

⁂

미정은 삶이 버겁다고 느낀다. 무언가를 결정하는 것이 어렵기 때문이다. 집을 얻거나 차를 사는 것처럼 큰돈이 들어가는 결정은 말할 것도 없고, 사람들이 매년 혹은 2년마다 바꾸는 핸드폰을 결정할 때도 도대체 무슨 기준으로 어떤 것을 고려할지 감을 잡을 수 없어 속병이 날 정도다. 친구들에게 물어보면 유행을 따라간다거나 무조건 최신폰을 산다는 대답이 돌아왔지만, 미정은 친구들의 기준도 마음에 들지 않았다. 그렇다고 자신만의 기준이 있는 것도 아니어서 미루기 일쑤다. 이 모습에 답답함을 느낀 가족이나 애인, 친구 등 누군가가 대신 결정하고 선택해 주는 경우가 부지기수다.

적지 않은 돈이 들어가니 당연히 결정이 어려운 게 아

니냐고 할지 모르지만, 미정은 그 정도가 아니다. 아주 사소한 일상의 결정조차 힘들어한다. 무엇을 먹을지, 무엇을 입을지, 외출할 때는 어떤 교통수단을 이용하고 또 집에 와서는 어떻게 휴식을 취할지까지 말이다. 미정이 이런 고민을 주변 사람들에게 말하면 돌아오는 반응은 이렇다. "대충 해", "그냥 해", "하고 싶은 대로 해", "마음 가는 대로 하면 돼". 물론 미정도 알고 있다. 이런 결정과 선택을 어떻게 하든지 별일 없고, 별 차이도 나지 않다는 것을. 그럼에도 결정 앞에서 얼어붙는 심정을 누가 알까?

결국 미정은 매일 해야 하는 결정들은 미리 선택해 놓기로 했다. 요일별로 먹는 것, 입는 것, 교통수단 이용법 등을 정해놓는 것이다. 물론 이를 결정하는 것도 어려웠지만, 주변 사람들의 도움을 받았다. 이후로는 매뉴얼에 따라 움직인다. 그렇다고 모든 문제가 해결된 것은 아니다. 우리의 삶은 이 외에도 결정할 것이 많으니까. 특히 친구나 애인, 여동생이 던지는 질문을 받으면 머리가 하얘진다.

"미정아 우리 오늘 뭐 하고 놀까? 평소에 나랑 하고 싶었던 거 얘기해 줘 봐."

"오늘 우리 기념일인데 뭐 먹고 싶은 거 없어? 그동안 데이트 할 때는 계속 내가 먹고 싶었던 거 먹었으니 오늘은 네가 먹고 싶은 거 먹자."

"언니, 부모님 생신 때 깜짝 파티 같은 거 해 보면 어때? 어떤 식으로 할지 나도 생각할 테니, 언니도 생각해 봐."

이런 상황에서 미정은 상대에게 결정권을 넘기면서 자신은 어떤 결정이든지 따르겠다고 한다. 어떤 이들은 상대에게 선택권을 넘기고, 선택의 결과가 좋지 않으면 불평불만을 한다. 그러나 미정은 상대가 어떤 결정을 하던 군말 없이 따르고, 결과가 좋지 않더라도 불평하는 법이 없다. 미정을 알게 된 지 얼마 안 된 사람들은 미정을 배려심 많은 사람으로 알지만 함께하는 시간이 길어질수록 답답하게 여긴다. 항상 책임이 따르는 결정과 선택은 누구에게도 쉽지 않기 때문이다. 미정과 함께 있으면 쉽지 않은 일을 계속 혼자 해야 하니 미정이 싫어질 수밖에 없다. 사람들로부터 미움을 받게 되니 미정은 사람들을 점차 피하게 되면서 우울감을 크게 느끼게 되었다.

그러던 어느 날 초등학교 동창 수정과 연락이 닿았다. 사실 미정과 수정은 초등학교 6년 내내 절친이었다. 같은 동네에 살았을뿐더러, 외모도 비슷했고 또 이름에 '정'자도 들어가서 어떤 친구들은 둘을 쌍둥이로 오해하기도 했다. 초등학교 6학년 때 수정이 전학을 가면서 연락이 끊겼다가 SNS를 통해 수정은 미정을 찾아냈다. 미정도 수정과 연락이 되어서 너무 놀랐고 기뻤지만, 두 사람은 당장 만날 수가 없었다. 수정이 직장에서 해외로 파견된 상태였기 때문이다. 마침 미정도 우울한 마음에 당장 누군가와의 약속이 부담스러웠던 터라 다행이라 여겼다. 그런데 예정보다 빨리 귀국하게 되었다면서 수정은 한국에 오자마자 미정에게 빨리 만나자고 요청했다. 결정을 못하는 미정은 거절도 못했다. 한편으로는 너무 보고 싶었던 친구였기 때문에, 또 어린 시절을 함께 보냈으니 자신을 있는 모습 그대로 알아줄 것 같다는 생각에 수정을 만나 하소연하고 싶은 마음도 있었다.

두 사람은 거의 20년 만에 만났지만, 마치 어제 만났던 친구처럼 너무나 자연스럽게 이야기를 이어갔다. 옛날이야기를 하면서 서로의 안부를 물으며 울고 웃었다. 그러던 중 수정은 미정의 표정이 어둡다는 것을 알아차렸고 그 이유를 물었다. 미정은 결정과 선택의 어려움에 대해 이야기를 하면서, 이 때문에 사람들과 사이가 틀어졌거나 멀어졌다고 말했다. 이야기를 듣던 수정은 깜짝 놀랐다.

"미정아, 너 어렸을 때는 전혀 안 그랬어. 기억 안 나? 누구와의 관계에서든 네가 항상 주도적으로 결정하고 그랬어. 심지어 동네 친구들도 너한테 와서 늘 물었잖아. 그때마다 넌 늘 확신에 차서 결정해 줬어. 또 친구들끼리 싸움이 붙어도 누가 잘했는지 잘못했는지 너한테 와서 물었잖아. 그래서 네 별명이 포청천이었지. 기억 안 나?"

미정은 그동안 잊고 살았던 어린 시절이 생각났다. 수정의 말대로 미정은 자신감 있게 무언가를 결정하고 선택하던 아이였다. 그런데 중고등학교를 지나 대학을 다니면서 미정의 이런 모습은 조금씩 사라졌고, 사회생활을 하면서 결정을 두려워하는 사람이 되었다. 도대체 미정에게는 무슨 일이 일어난 것일까?

아이들은 자신이 원하는 것을 안다

개인차는 있겠지만 보통의 아이들은 결정을 어려워하지 않는다. 오히려 자기 뜻대로 모든 것을 하려고 해서 문제다. 물론 타고난 기질로 긴장과 불안이 높은 아이들은 집 밖에서 자기 주장을 제대로 못하더라도, 자신이 편하게 느끼는 사람에게나 상황에서는 원하는 것을 거침없이 말한다.

아빠들을 대상으로 부모교육을 하다 보면 종종 듣는 질문이 있다. 아이들과 무엇을 하면서 놀아야 할지 고민이라는 것이다. 그럴 때마다 하는 대답은 똑같다.

> "무엇을 하고 놀지 아빠가 결정하지 마시고, 아이들에게 물어보세요. '넌 아빠랑 뭐하면서 놀고 싶니?'라고 말이죠. 그러면 아이들은 자신이 원하는 것을 말할 겁니다."

아이들은 매사 자신이 원하는 것을 분명히 안다. 물론 여기에 함정이 있다. 아이들의 결정은 늘 엇비슷하다는 것이다. 지금은 나와의 놀이에 전혀 관심이 없어진 큰아이가 6살

때 있었던 일이다. 비가 와서 밖에 나가지 못해 꼼짝없이 집에서 놀아야 했던 날이었다. 아이에게 무엇을 하고 놀고 싶은지 물었다. 아이는 기다렸다는 듯이 숨바꼭질을 하고 싶다고 했다. 큰아이가 벽에 얼굴을 묻고 하나부터 열을 세는 동안 작은아이와 나는 집안 곳곳에 숨었다. 3살이었던 작은아이는 제대로 숨지 못해서 큰아이가 금방 찾았지만, 집안 곳곳에 숨을 장소를 알고 있는 나를 아이는 빨리 찾지 못했다. 그러다가 나를 찾아내면 아이는 세상을 다 가진 것처럼 기뻐하고 좋아했다. 그런 모습을 보니 나 역시 즐거웠다.

하지만 즐거움도 한두 번이지 계속되면 사라지는 법이다. 게다가 큰아이는 숨바꼭질을 재미있어했지만 작은아이는 숨바꼭질 자체를 이해하지 못한 상태라 금세 싫증을 냈다. 그리고는 큰아이를 피해 숨을 장소를 찾는 나를 붙잡고 계속 블록놀이를 하자고 졸랐다. 그래도 큰아이가 워낙 재미있어해서 20번 정도 숨바꼭질을 한 후 말했다.

> "아빠는 더 이상 집에 숨을 곳이 없어. 그래서 재미가 없어. 우리 다른 거 하자. 다른 거 하고 싶은 거 없어? 동생도 재미없어하잖아. 동생이 블록놀이 하자는데 넌 어때?"

보통 이런 상황에서 어른이라면 당연히 알겠다면서 자신의 주장을 포기하고 상대가 원하는 것을 하자고 말할 것이다. 그런데 큰아이는 완강했다.

"아니야. 나 숨바꼭질 재미있어. 나 숨바꼭질하고 싶어! 또 할 거야!"

이처럼 아이들은 자신이 원하는 것을 분명히 알아차린다. 놀이뿐 아니다. 무엇을 먹고 싶은지를 물어봐도 아이들은 늘 확실하다. 이렇게 자신이 원하는 것을 분명히 알아차리고 주장했던 아이들이 점점 자신이 원하는 것을 알아차리기도, 표현하기도, 그래서 결정하기도 힘들어하는 어른이 된다. 이유는 무엇일까?

어떤 이들은 아이들의 경우 선택지가 적기 때문이라고 한다. 다시 말해 경험해 본 놀이나 음식이 몇 개 없어 결정하기가 쉽지만, 시간이 흘러 많은 것을 경험할수록 선택지가 늘어나서 결정이 어렵다는 것이다.

미국의 심리학자 아이엔가와 레퍼는 선택지가 많을 때 사람들이 어떤 행동 패턴을 보이는지 알아보기 위해 대형마트에서 잼 시식행사를 가장한 실험을 진행했다. 시식코너를 두 곳에 열었다. 한 곳에는 6가지의 잼을 나열했고, 또 다른 곳에는 24가지의 잼을 나열했다. 사람들은 시식코너에서 원하는 만큼 여러 가지 잼을 맛볼 수 있었다. 판매대는 시식코너에서 어느 정도 떨어진 자리에 위치해 있어 잼을 구입하려면 이동해야 했다.

실험 결과, 잼을 구입한 비율은 어느 시식코너를 경험했는지에 따라 매우 크게 달라졌다. 6가지 잼을 시식할 수 있었던 사람들은 30%가 잼을 구입했지만, 24가지 잼을 시식할 수 있었던 사람들은 3%만이 잼을 구입했다.

이유는 다음과 같았다. 24가지 잼을 시식한 사람들은 판매대에 도착한 뒤, 수많은 잼들을 보고 당혹감을 느꼈다. 많은 사람들이 '아까 먹었던 잼이 어떤 거였지?' 하며 잼을 들었다 놓았다 하며 이리저리 살폈다. 이들은 망설인 끝에 아무것도 사지 않고 떠나 버렸다. 반면, 6가지 잼을 시식한 사람들은 자신이 사려고 했던 잼을 확실히 기억했다. 그들은 판매대에 도착해 바로 원하는 잼을 찾아 구입했다.

사람들은 선택지가 늘어날수록 결정을 어려워한다. 어른들이 아이들보다 결정을 어려워하는 이유도 선택지가 많아졌기 때문이라고 할 수 있다. 큰아이가 숨바꼭질을 계속하자고 고집했던 것은 숨바꼭질이 천하제일의 재미있는 놀이라서가 아니다. 아이가 경험한 몇 개 안 되는 놀이 중 그나마 재미있는 놀이이기 때문이다.

결정을 어렵게 만드는 또 다른 이유

어른이 될수록 자신이 무엇을 원하는지 결정하기 어려운 더 중요한 이유가 있다. 부모나 사회로부터 받은 교육 때문이다. 아이들은 사회화되는 과정에서 자신의 행동에 영향을 미치는 많은 메시지를 듣게 된다. "얌전해라", "남을 배려해라", "부모님께 순종해라", "성질부리지 말아라", "사람들에게 인정받아야 한다", "남에게 동정받지 말아라", "이기적으로 굴지 말아라", "함부로 나서지 말아라", "성공해라", "용감하고 씩씩해라", "잘난 척하지 마라" 등이다.

이런 메시지의 목적은 아이가 주변 사람들과 좋은 관계를 맺고, 잘 살 수 있게 도우려는 것이다. 문제는 이런 의중을 아이들이 파악하기가 어렵다는 데 있다. 결과적으로 아이들은 이런 말을 법칙처럼 곧이곧대로 받아들인다. 그래서 자신이 원하는 것이 마음에 떠올라서 이야기하고 싶어도 혹시 다른 사람을 불편하게 만들까 봐, 자신이 이기적으로 보일까 봐 말하지 않게 된다. 자신이 하는 일이 힘들어서 그만하고 싶어도 주변 사람들이 안 좋게 볼까 봐 말하지 못하고 꾸역꾸역 일하게 된다. 이런 경험을 계속하다 보면 나중에는 자신이 무엇을 원하는지 떠오르지도 않게 된다.

미정도 그랬다. 어렸을 적에는 자기주장이 강하고 매사에 분명한 아이였다. 그러나 미정의 부모는 미정의 이런 모습이 나중에 사회생활을 하는데 방해가 될까 봐 미정을 많이 혼냈다. 자신의 감정을 앞세우기보다는 타인의 감정을 살피라고 했고, 자신의 욕구를 말하기보다는 타인의 욕구를 채워주라고 했다. 물론 부모가 이렇게 혼내고 잔소리를 한다고 미정이 바로 바뀌지는 않았다. 미정의 모습을 친구들이 좋아해 주었기 때문이다. 뿐만 아니라 학교 선생님들도 미정을 인정하고 아껴주었다. 친구 수정은 이때의 미정을 기억하고 있었던 것이다.

그런데 중학교에 입학하면서 상황이 달라졌다. 물론 초반에는 초등학교에서 그랬듯이 미정은 자신이 원하는 것을 거침없이 말했다. 그녀가 다니게 된 학교에는 초등학교 동창들이 많았기 때문에 별문제가 되지 않았다. 오히려 초등학교 다닐 때처럼 친구들이 주변에 몰려들었다. 그러나 다른 초등학교 출신인 아이들에게는 당당하게 자기 목소리를 내는 미정이 꼴사나운 존재였다. 그래서 몇 명이 미정을 따돌리기 시작했는데, 미정의 단짝이었던 애들마저 등을 돌리는 바람에 미정은 중학교 3년 내내 따돌림을 당했다. 직접적인 폭력은 없었기에 크게 문제를 제기할 수도 없었다. 입이 있으나 말할 수 없고, 원하는 바는 있으나 드러낼 수 없게 된 미정은 세상이 무서웠다. 자신이 할 수 있는 건 아무것도 없다는 무력감마저 느꼈다.

이렇게 힘든 시간을 겪으면서 미정은 엄마의 잔소리가 생각났다. 엄마의 걱정이 현실이 되었기 때문이다. 그러면서 미정은 엄마의 말을 귀담아듣지 않은 자신을 탓했다. 모든 것이 자신의 잘못인 것처럼 느껴졌다. 그래서 다시는 마음 가는 대로 행동하지 않기로 했다. 엄마의 잔소리를 기억하면서 자신을 숨기고 살았다. 잠도 제대로 자지 못했고, 밥도 제대로 먹지 못했다. 우울과 불안으로 힘들었지만, 겉으로는 티를 내지 않으려고 했다. 힘든 티를 냈다가 친구들이나 부모님에게 더 안 좋은 소리를 들었기 때문이다.

악몽 같았던 중학교 시절이 끝남과 동시에 미정은 살

던 곳을 떠나 다른 도시로 이사를 가게 되었고, 아는 사람이 아무도 없는 고등학교에 배정을 받게 되었다. 새로운 고등학교에서는 자신을 드러낼 법도 했지만, 미정은 중학교 3년의 공포가 너무 컸기 때문에, 선부르게 행동하지 못했다. 현재의 잘못된 선택이 또다시 미래에 고통을 가져올지도 모르기 때문이었다. 이렇게 자신을 감추고 원하는 것을 드러내지 않으려고 노력했던 시간들이 쌓여 사소한 결정조차 힘들어하는 지금의 미정을 만들어냈다.

미정처럼 결정이 어려운 사람들은 이렇게 과거를 후회하고, 미래를 걱정하는 경향이 있다. 자신이 원하는 대로 행동했을 경우 나중에 얼마나 후회하게 될지를 생각한다. 그리고 자신이 원하는 행동을 했을 경우 벌어질 끔찍한 상황 때문에 아무것도 결정하거나 선택하려 하지 않는다. 그래서 마치 자신은 아무것도 원하는 않는 사람인 것처럼 말하고 행동한다.

마음은 '지금-여기'를 살 때 행복하다

독일 태생의 유대인 의사이자 게슈탈트 치료의 창시자인 펄스에 따르면 미정은 자신의 게슈탈트를 제대로 알아차리지 못하는 상태다. 펄스가 말하는 게슈탈트란 '지금-여기here & now에서 느끼는 행동동기'를 의미한다. 즉 자신이 지금 어떤 행동을 하고 싶은지 인식하는 것이 게슈탈트를 알아차리는 것이다. 본래 독일어로 게슈탈트gestalt는 의미 있는 형태를 의미한다. 사람은 하늘의 구름을 보면서도 나름 의미 있는 형태로 지각하는 경향이 있다. 이와 비슷하게 우리는 마음의 욕구를 의미 있는 행동동기로 지각하는 경향이 있어서 펄스는 게슈탈트라는 단어를 차용했다.

지금 이 글을 읽는 당신의 게슈탈트를 알아차려 보자. 이 문장을 읽고 있는 이 순간 계속 책을 읽고 싶은가? 나른하고 졸려서 자고 싶은가? 목이 말라 물을 한 잔 먹고 싶은가? 화장실에 가서 볼일을 보고 싶은가? 아니면 다른 무언가를 하고 싶은가? 그것이 무엇이든 당신이 있는 곳에서 지금 당장 실천할 수 있는 행동동기가 게슈탈트인 것이다.

많은 사람들은 게슈탈트와 욕구를 혼동하지만, 펄스는 '욕구 그 자체'와 게슈탈트를 구분해야 한다고 말한다. '갈증'과 '냉장고에서 물통을 꺼내 컵에 따라서 한 잔 마시고 싶다'는 다르다는 것이다. 갈증은 욕구다. 욕구 그 자체에는 욕구를 해결할 수 있는 행동이 전제되어 있지 않기에, 욕구를 해결하기 위한 행동을 다시 알아차려야 한다. 반면 게슈탈트는 욕구를 해결할 수 있는 구체적인 행동을 포함하고 있어, 바로 실천에 옮길 수 있다.

본래 인간은 욕구 그 자체가 아닌 게슈탈트를 경험한다. 아기들을 보라. 자신의 욕구를 머리로 이해한 다음, 그 욕구를 해결하기 위해 어떤 행동을 선택할지 고민하지 않는다. 욕구와 행동을 별개의 단계로 구분하지 않고, 하나로 인식한다. 즉 욕구를 해결하기 위한 행동을 곧바로 실천한다는 말이다. 배가 고프면 손에 잡히는 대로 아무것이나 입에 넣고, 목이 마르면 아무것이나 마시려고 한다. 이는 아이들의 언어에서도 분명히 나타난다. 아래의 두 표현 중 먼저 하게 되는 말은 무엇일까?

A. "나 목말라" B. "나 물!"

정답은 B다. 육아 경험이 있거나 아이들을 돌보는 일을 하는 사람들은 알 것이다. 아이들은 목이 마르면 곧바로 물을 찾지, 목마르다고 하지 않는다. 말을 못 하는 아기들은 곧바로 행동하고, 말할 수 있는 아이들은 행동으로 옮길 수 있는 표현을 사용한다. 결국 인간은 본래 욕구 그 자체가 아닌 게슈탈트를 자각하는 존재인 것이다.

게슈탈트를 알아차려서 행동하던 아이들이, 매 순간 자신이 원하는 것을 분명히 인식하고 행동하던 아이들이 왜 자신이 원하는 것을 모르는 상태가 될까? 그 이유는 해결되지 못한 게슈탈트 때문이다. 마음에서 게슈탈트를 떠올렸지만, 환경의 제약 때문에 게슈탈트를 행동으로 옮기지 못하면 게슈탈트는 사라지지 않고 우리의 마음에 남게 된다. 이렇게 해결되지 못한 게슈탈트를 미해결 과제unfinished business라고 부른다. 미해결 과제가 우리 마음에 많을수록 마음은 제 기능을 잃게 되어 게슈탈트를 알아차리지도 못하고, 알아차린 게슈탈트를 해소하지도 못한다.

미해결 과제가 생기는 이유는 두 가지 환경의 제약 때문이다. 첫 번째는 물리적 환경의 제약이다. 일례로 물이 먹고 싶지만 물을 구해서 마실 수 없는 환경이라면 게슈탈트는 미해결 과제가 된다. 운동장을 뛰어다니고 싶지만, 몸을 일으킬 수도 없을 정도로 아파도 미해결 과제가 된다. 미해결 과제가 생기는 물리적 환경은 기근이나 수해 같은 자연재해, 각종 사고나 전쟁, 그리고 지독한 가난 때문이라고 할 수 있다. 그런데 이런 상황을 겪는 사람들은 생각보다 많지 않다.

물리적 환경의 제약보다 더 광범위하게 겪는 것은 심리적 환경의 제약이다. 미정처럼 말이다. 매 순간 원하는 것을 인식하고 행동하던 아이, 즉 자신의 게슈탈트를 알아차려서 해결했던 미정은, 부모님의 잔소리와 중학교 시절 경험했던 따돌림과 친구들의 비난 때문에 위축된 채 살았다. 자신이 원하는 것이 있더라도 행동으로 옮기지 못했다. 자신의 행동 때문에 비난 받고 어려움을 당했기 때문이다.

미해결 과제가 많아져서 마음이 건강하지 못한 상태가 되면 나타나는 특징이 있다. 마음이 과거나 미래에 사로잡히기 쉽다는 것이다. 즉 과거에 벌어진 일에 대해서 후회하거나 자책하는 생각을 하고, 미래에 벌어질 일에 대한 걱정 때문에 잠을 이루지 못한다. '지금-여기'가 아닌 '그때-거기'에 마음이 있기 때문이다.

'난 그때 왜 그렇게 행동했을까?' - 과거에 대한 후회

'내가 이렇게 행동하면 또 누군가는 싫어하겠지?' - 미래에 대한 걱정

얼마나 많은 사람들이 과거를 후회하거나 미래를 걱정하며 살고 있는지! 과거의 후회 때문에 혹은 미래의 걱정 때문에 지금-여기에서 하고 싶지 않은 행동을 하고 있거나, 하고 싶은 행동을 못 한다면 과연 제대로 된 삶이라고 할 수 있을까? 과거는 돌이킬 수 없고, 미래는 예측할 수 없다. 우리에게는 언제나 매 순간 현재만이 있을 뿐이다.

물론 과거의 잘못을 되짚어 보거나 미래를 준비할 필요가 없다는 뜻은 아니다. 과거의 잘못이 있으면 되짚어 보는 일도, 미래를 준비하는 일도 중요하다. 그렇다고 지금-여기의 행동동기를 무시해서는 안 된다. 과거를 발판삼고 미래를 염두에 두면서 늘 지금-여기로 돌아와야 한다. 과거와 미래 때문에 지금-여기를 놓친다면 우리는 끊임없이 후회하고 걱정하면서, 죽는 그 순간까지 현재가 아닌 과거와 미래의 허상 속에 살게 된다.

아무것도 원하지 않는 사람은 없다

펄스는 사람들이 심리적 어려움을 겪는 이유가 마음에 남아

있는 미해결 과제 때문에 새로운 게슈탈트를 알아차리지 못하거나 알아차려도 해결할 수 없기 때문이라고 한다. 실제로 우울과 불안 등 심리적으로 힘든 사람들에게 "지금 당장 하고 싶은 것이 뭐예요?"라고 물어보면 제대로 된 답변을 듣기 힘들거나, 엉뚱한 이야기를 한다. 사실 미정의 경우도 단지 결정을 힘들어하는 소위 결정장애가 아니라, 오래된 우울과 불안 때문에 자신의 게슈탈트를 알아차리지 못하는 상태인 것이다.

그렇다면 미정처럼 게슈탈트를 알아차리지 못하는 경우 어떤 방식으로 마음의 기능을 회복시켜 줄 수 있을까? 가장 중요한 것은 알아차림awareness, 즉 자각이다. 여러 가지를 알아차릴 수 있는데 가장 먼저는 욕구에 대한 자각이다. 게슈탈트를 잘 느끼지 못하는 사람이더라도 살아 있는 이상 욕구를 느낄 수밖에 없다. 욕구를 느낄 때 욕구 그 자체로 느끼지 말고, 다음처럼 행동동기로 바꿔서 자각해 보자.

졸리다 → 침대에 가서 눕고 싶다
배가 고프다 → 부엌에 가서 라면을 끓여 먹고 싶다
목이 마르다 → 냉장고에 들어 있는 시원한 물을 먹고 싶다
힘들어서 쉬고 싶다 → 시원한 나무 그늘 밑의 의자에 앉고 싶다
놀고 싶다 → 농구장에 가서 자유투 연습을 하고 싶다

욕구를 게슈탈트로 바꿔서 자각하는 것은 억지스럽고 부자연스러운 게 아니라 원래의 것을 회복하는 과정이다. 그

래서 처음에는 어색하고 이상하지만, 하다 보면 아주 자연스럽게 게슈탈트를 알아차리게 될 것이다.

게슈탈트를 알아차리기 위한 또 다른 방법은 감정을 자각하는 것이다. 상담 장면에서 상담자는 내담자에게 "지금 기분이 어때요?", "무슨 감정을 느끼고 있나요?"와 같은 질문을 많이 한다. 감정은 우리 마음의 지표와도 같기 때문이다. 놀랍게도 감정을 물어보는 질문에 정말 많은 사람들이 "제 상황이 기가 막힌다는 생각이 들어요"처럼 감정이 아닌 생각을 말한다. 이때 상담자가 재차 생각 말고 감정을 물으면 "잘 모르겠어요"라거나 "아무런 감정도 없는데요?"라는 대답이 돌아온다.

정말 아무런 감정이 없을까? 그렇지 않다. 게슈탈트처럼 감정도 인간 본유의 것이다. 아기들의 얼굴을 보라. 졸릴 때 빼고는 멍한 표정을 짓지 않는다. 매 순간 희노애락을 얼굴로 표현한다. 비단 아기들만이 아니다. 살아 있는 사람은 매 순간 감정을 느낄 수 있다. 그런데 어린 시절부터 "감정대로 행동하지 마", "울지 마!", "눈치 없게 그렇게 크게 웃으면 어떡하니?" 등의 메시지를 듣고 살면서 감정을 느끼지 않으려고 애썼기에 감정을 자동적으로 억압하게 된 것이다.

어떻게 해야 감정을 다시 느낄 수 있을까? 감정을 느끼기 위해서는 감정의 종류를 알아야 한다. 우선 감정은 크게 유쾌한 쪽과 불쾌한 쪽으로 구분할 수 있다. 한국식 감정 표현인 희노애락喜怒哀樂을 보라. 희(기쁨)와 락(즐거움)은 유쾌한 감정이고, 노(화)와 애(슬픔)은 불쾌한 감정이다. 감정을 세밀하게 느끼기 어렵다면 지금 감정이 좋은지(유쾌한지), 나쁜지(불쾌한지) 생각해 보라. 감정이 완전 중립인 상태는 없다고 해도 무방하다. 아주 조금이라도 좋거나 나쁘다. "지금 기분이 좋다", "지금 기분이 나쁘다"는 식으로 표현하는 것이 익숙해졌다면 그다음은 희노애락으로 구분해 보자. 희노애락의 4가지 표현이 부족하다면 보다 세밀하게 구분할 수도 있다. 유쾌한 감정으로는 기쁨, 즐거움, 행복, 만족, 사랑, 편안, 반가움 등이 있고, 불쾌한 감정으로는 화, 슬픔, 공포, 우울, 외로움, 걱정, 혐오 등이 있다. 이보다 더 많은 감정 표현을 알고 싶다면 인터넷 검색을 이용하면 된다.

세 번째 방법은 환경과 경험에 대한 자각이다. 어린 아기들은 자신이 처한 환경에서, 자신이 경험하는 모든 것을 자각한다. 모든 것이 새롭기 때문에 자신의 감각을 이용하여 세밀하게 관찰하고 느낀다. 그것이 좋다거나 나쁘다거나, 옳다거나 그르다고 판단하지 않고 있는 그대로 경험한다. 물론 아기들에게는 판단할 만한 기준이 없기도 하다. 시간이 지나 경험이 쌓이면 아이들도 점차 자각하기보다는 좋고 나쁨과 옳고 그름의 기준으로 판단을 한다.

판단이 나쁘다거나 틀렸다고 말할 수는 없다. 자신의 생존과 안전을 위해서는 판단이 필요하다. 처음 불을 보았을 때는 신기해서 손을 갖다 대는 식으로 불을 자각하고 느껴보려고 할 수 있다. 하지만 엄청난 통증을 느끼게 되면 나중에는 불을 보았을 때, 자각하려고 하기보다는 위험하다는 판단을 하게 될 것이다. 그러나 이런 판단이 우리 삶을 채워갈수록 우리는 환경을 경험하기보다 생각이라는 감옥에 갇히고 만다. 그래서 보고 있으나 보지 못하고, 듣고 있지만 듣지 못하며, 먹고 있지만 맛을 느끼지 못하고, 행동했으나 기억하지 못한다.

정신없이 집에서 나와 버스 정류장으로 가다가 가스불을 끄지 않은 것 같아서, 문을 잠그지 않은 것 같아서 등 꼭 해야 할 무언가를 하지 않은 것 같아서 집으로 돌아왔던 경험이 한두 번쯤은 있을 것이다. 집에 돌아와 보니 가스불은 꺼져 있고, 문은 제대로 잠겨 있었던 경험이 대부분이다. 분명 자신이 그 행동을 했지만, 그 순간 다른 생각에 사로잡혀 무슨 행동을 했는지 자각하지 못해 벌어진 일이다. 어디 이뿐인가? 자신이 무슨 말을 하는지도 모르면서 막 떠드는 사람도 있다.

이렇게 정신없이 살지 않으려면, 매 순간의 경험을 자각하는 연습을 하자. 생각과 판단, 걱정과 계획을 내려놓고 자신이 보고 있는 것의 색과 무늬를 살펴보고, 만지고 있는 것의 촉감을 느껴보자. 음식의 맛과 향을 음미해 보자. 때로는 눈을 감고 들리는 소리에 집중해 보자. 하루에 일정 시간만이라도 우리의 오감을 열어서 환경을 자각하고, 경험을 자각하다 보면 자연스럽게 게슈탈트를 알아차리고 자신이 처한 환경에서 이를 해소할 수 있게 될 것이다.

매 순간 마음 가는 대로 살라

‘지금-여기에서 원하는 행동을 하라’는 펄스의 가르침에 대해 어떤 사람들은 의문을 품는다. 자신이 원하는 행동을 하는 것이 건강한 마음의 지표라면, 그냥 막살아도 되냐고 묻는다. 그러면서 만약 누군가가 앞사람을 때리고 싶다는 게슈탈트를 느끼면 그대로 행동으로 옮겨도 되냐고 묻는다. 이런 가상적이고 극단적인 상황을 염두에 두고 이론을 만들지는 않는다. 대부분의 심리치료 이론들이 그렇듯이 게슈탈트 치료 역시 일상생활에서 겪는 자신의 심리적 어려움을 해결하기 위해 찾아온 사람들을 상담하면서 만든 이론이다. 따라서 이런 극단적인 상황에서 게슈탈트 치료의 방향을 묻는 것은 적절하지 않다.

하지만 정말 누군가가 상담자를 찾아와서 지금 타인이든 자신이든 누군가를 칼로 찌르고 싶은 것이 본인의 게슈탈트라고 말한다면 상담자는 내담자에게 어떤 일이 있었는지를 물을 것이다. 다른 동물을 잡아먹는 밀림의 포식자들을 보라. 이들도 배고프지 않으면 다른 동물을 이유 없이 해치지 않는다. 이런 면에서 누군가를 해치고 싶은 것은 인간의 자연스러운 게슈탈트라고 보기 어렵다. 분명 이런 게슈탈트가 만들어지기 전에 미해결된 게슈탈트가 많았을 것이라고 추측해 볼 수 있다. 사랑을 하고 싶었거나 받고 싶었는데 그렇게 되지 못해 억울하고 분한 마음에 왜곡된 게슈탈트가 떠올랐을 수 있다. 게슈탈트가 해소되면 자연스럽게 마음이 편안해지는데,

자신을 해치거나 타인을 해치는 행동을 하면 마음은 편안해지지 않는다. 이것은 온전한 게슈탈트가 아니다.

왜곡된 게슈탈트가 아니라면 정말 마음 가는 대로 행동해도 될까? 중요한 시험을 앞둔 수험생이 공부를 하려고 책상 앞에 앉아 있다가 밖에 나가서 바람을 쐬면서 벤치에 앉아 있고 싶다는 게슈탈트를 떠올렸다면 어떨까? 이럴 때 많은 사람들은 자신의 게슈탈트를 해결하려고 하기보다는 그냥 참고 공부를 하려고 할 것이다. 그러나 게슈탈트는 무시한다고 사라지는 것이 아니다. 미해결 과제 때문에 공부에 집중하기도 어려워진다. 따라서 시간을 내서 밖에 나가는 것이 좋다. 그러다가 다시 공부를 하고 싶다는 게슈탈트가 자각이 되면 다시 들어오면 된다. 이때 공부를 하면 오히려 집중이 잘 된다.

그런데 바람을 쐬면서 벤치에 앉았더니 집에 가서 자고 싶다는 게슈탈트가 자각된다면 어떻게 할까? 집에 가서 잠을 잤는데도 공부에 대한 게슈탈트는 떠오르지 않고, 다른 책을 읽고 싶다거나 운동을 하고 싶다는 게슈탈트가 떠오른다면? 그래서 계속 공부를 안 하게 된다면? 그렇다면 시험과 공부는 이 사람의 길이 아닌 것이다. 만약 억지로 공부를 했고, 머리가 좋아서 시험에 합격한다 해도 그것을 통해서 얻는 것은 그 사람의 행복과는 무관할 것이다.

남들이 부러워할 만한 직업을 가진 사람 중에 정작 스스로는 자신의 일에 만족하지 못하는 사람들, 그래서 우울과 불안에 시달리는 사람들이 얼마나 많은지 생각해 본다면 지금-여기에서 마음 가는 대로 하라는 펄스의 가르침은 우리 인생에 중요한 교훈을 주고 있음을 알 수 있다. 하고 싶은 것을 참으면서 하기 싫은 것을 억지로 해내는 삶과 매 순간 원하는 것을 실천하는 삶 중 어느 것이 더 나은, 인간다운, 행복하고 후회 없는 삶일까? 펄스는 매 순간 원하는 것을 실천하는 삶이라고 단호하게 말할 것이다.

펄스가 말하는 인간의 마음

1. 인간은 행동하는 존재다

프랑스의 철학자 데카르트는 '나는 생각한다. 고로 존재한다'란 말을 통해 인간을 생각하는 존재로 보았다. 반면 펄스는 인간을 행동하는 존재로 본다. 태아기부터 사람은 움직인다. 물론 이때의 움직임은 목적 없는 행동인 반사reflex라고 할 수 있다. 출생한 후로 반사는 점차 줄고 목적 있는 행동은 늘어난다.

하지만 시간이 지날수록 사람은 행동보다 생각을 우선시하는 경향이 있다. 그 이유는 어른들의 가르침 때문이다. 아이들은 본의 아니게 자신과 타인에게 피해를 입히기도 하고, 실수를 자주 저지르고 실패도 많이 한다. 그래서 어른들은 아이를 위해서 행동보다 생각을 강조할 수밖에 없다. 이런 가르침 덕분에 실수와 실패를 덜 하기도 하나, 이런 가르침 때문에 사람은 본성을 잃기도 한다. 어떤 행동을 하고 싶은지보다 자신의 행동이 옳은지 그른지를 따지느라 시간을 허비하기 때문이다.

물론 생각도 중요하지만, 생각은 엄연히 행동을 위해서 하는 것이다. 매 순간 내가 원하는 행동이 무엇인지 느끼고, 환경 속에서 행동하는 것은 인간의 가장 중요한 본성이라고 할 수 있다.

2. 마음을 현재에 두고 사는 것이 중요하다

몸은 현재에 있지만, 과거나 미래에 사는 사람들이 많다. 누구를 만나던 자신의 경험을 자랑하기 급급한 사람은 과거를, 어떤 상황에 있던 자신의 미래가 불안정할까 봐 전전긍긍하는 사람은 미래에 사는 것이다. 타임머신을 타고 진짜 과거나 미래로 갈 수 있다는 말이 아니다. 차라리 타임머신을 타고 몸이라도 이동 가능하다면 좋을 텐데 말이다. 몸은 현재에 있지만, 마음이 과거나 미래에 저당 잡혀 있다는 뜻이다.

제아무리 대단한 능력자라도 마음이 과거나 미래에 있다면 제대로 된 삶을 살 수 없다. 왜냐하면 우리의 시간은 늘 현재이기 때문이다. 지금은 몇 시 몇 분 몇 초인가? 시계를 확인하고 그 시간을 말하려고 하는 순간 이미 그 시간은 과거가 되어 버린다. 내일 일을 걱정하는 사람은 내일이 오늘이 되더라도, 또다시 걱정해야 하는 내일이 존재한다. 이런 면에서 과거는 잡을 수 없고, 미래도 오지 않는다. 오로지 매 순간 경험하는 현재만이 있을 뿐이다. 그래서 펄스는 지금-여기가 중요하다고 강조한다.

3. 마음이 원하는 대로 사는 것이 곧 내가 원하는 삶이다

펄스는 사람이라면 누구나 지금-여기에서 원하는 것이 있고, 그것을 자신이 처한 환경에서 행동을 통해 해결하려고 한다고 말했다. 행동의 결과는 좋을 수도 있고, 좋지 않을 수도 있다. 행동의 결과가 좋다면 또 그런 행동을 하고 싶을 것이고, 결과가 좋지 않다면 동일한 행동을 하고 싶어 하는 마음은 줄어들 것이다. 이런 과정을 반복하다 보면 시행착오는 있겠지만 분명히 내가 원하는 삶을 살 수 있게 된다.

그런데 우리는 원하는 것보다는 해야 하는 것에 대한 압박감이 크다. 왜 그럴까? 성공적인 삶을 살아야 한다는 생각 때문이다. 만약 매 순간 자신이 원하는 것을 억압하고 포기하고, 하기 싫지만 해야 하는 것을 하고 산다면 성공할 수 있을까? 물론 어느 정도는 가능할 수 있다. 그러나 사회 여러 분야에서 성공한 사람들의 삶을 들여다보면 놀랍게도 그들은 매 순간 원하는 것을 행동으로 옮겼음을 알 수 있다. 자신의 게슈탈트와 무관하게 해야 하는 것을 한다고 성공이 보장되지는 않는다. 성공은 불확실하지만, 우울과 불안, 불만족이 가득한 삶은 확실하다.

이럴 바에야 차라리 원하는 걸 실천하는 삶을 살도록 하자. 남들이 보기에 그럴듯한 성공은 못하더라도, 원하는 것을 하다 보면 즐겁고 편안한 삶을 살게 될 수 있다. 만약 자신에게 어떤 재능이 있다면 성공이라는 타이틀도 얻을 수 있을 것이다. 한 번만 사는 인생에서 남들 보기에 그럴듯한 삶을 사는 것이 좋을지, 아니면 내가 원하는 삶을 사는 것이 좋을지 고민해 보자. 만약 원하는 삶을 살고 싶다면 원하는 것을 행동으로 옮기면 된다.

내 마음이라고
나의 것은 아니다

Chapter 4.

프레데릭 스키너

Frederic Skinner

야단도 칭찬도 소용이 없다

⁜

어렸을 때부터 초등학교 선생님의 꿈을 키워온 희선은 교사 1년 차다. 중고등학교 시절에도 꿈을 이루기 위해 늘 열심히 공부하고, 좋은 교우 관계를 유지했으며, 선생님에게도 인정받는 모범생 중의 모범생이었다. 대학을 졸업하고 곧바로 임용시험에 합격해 올해 첫 학교에 발령받았다. 어렸을 적 꿈을 이루었다는 벅찬 감동을 안고 5학년 담임을 맡았다.

학기 초에는 학생들 파악하랴 수업 준비하랴 정신없이 보냈다. 시간이 지나면서 학교 업무에도 잘 적응했고, 다른 선배 교사의 일도 자기 일처럼 열심히 도왔다. 결국 희선은 교장과 교감은 물론 다른 교사들의 칭찬과 인정을 받는 모범교사가 되었다.

그렇게 순항하던 교사 생활은 예상치 못한 암초를 만났다. 희선의 반에 있는 문제아 주영이 때문이다. 주영은 반에서 키가 제일 큰 남학생이다. 학기 초부터 희선의 눈치를 보면서 말을 잘 듣지 않더니 한 달 정도 지나자 대놓고 말을 듣지 않으면서 수업을 방해하는 것이 아닌가! 처음에는 인내심을 가지고 설득도 하고 차분하게 타일러도 봤지만 허사였다. 희선은 지금까지 살면서 누구에게도 싫은 소리 하지 않고 참는 스타일이었고, 교사가 되어서도 아이들에게 친절하게 대하자고 결심했다. 그러나 6개월도 되지 않아 결심이 흔들리기 시작했다. 참기 어려운 수준에 도달했다고 느끼던 어느 날, 주영이 수업 중임에도 옆 친구에게 장난을 걸고 있었다. 옆 친구는 주영의 장난이 싫은 눈치였지만 주영은 멈추지 않았다. 희선은 주영에게 소리를 질렀다.

"야! 김주영! 지금 수업 시간인데 뭐 하는 거니? 왜 옆 친구에게 장난을 걸어? 그만해!"

희선은 크고 단호한 목소리로 아이를 혼냈다. 지난 몇 달간 언성을 높이지 않았던 선생님의 큰 소리에 아이들은 모두 긴장했다. 주영도 놀랐는지 장난을 멈추었다. 희선은 아이에게 불쾌함을 주고 싶지 않았는데, 자신도 모르게 감정이 터져 나와 당황했다. 어쨌든 주영의 행동을 멈추게 했으니 다행이라는 생각이 들어서 화난 마음을 추스르고 수업을 마쳤다.

그다음 날 희선은 어제 일을 생각하며 오늘은 주영이 장난을 치지 않겠거니 생각하며 출근했다. 그런데 주영이 1교시부터 장난을 치는 것이 아닌가! 희선은 화가 났지만 마음을 다잡고 주영에게 수차례 경고를 했고 또 야단을 쳤다. 야단을 치면 멈출 거라는 희선의 예상과 달리 시간이 지날수록 주영은 전보다 더 심하게 장난을 치고 급기야 흥얼흥얼 콧노래까지 부르기 시작했다. 아이러니하게도 희선이 혼낼수록 주영의 문제 행동은 더 많아졌다. 누군가에게 혼이 나거나 지적받는 것이 싫어서 늘 모범생으로 살았던 희선은 이해가 되지 않았다. 희선은 주영 때문에 마음이 힘들었다.

수업이 모두 끝나고 연구실로 들어오는 희선을 보고 교직 생활 20년 차인 선배 교사가 무슨 고민이 있느냐고 물었다. 희선은 자존심이 상했지만 주영의 이야기를 솔직하게 털어놓았다. 선배 교사는 이야기를 듣더니 이렇게 조언을 해 주었다.

"아이가 잘못했을 때 혼내기만 하지 말고, 수업에 집중하거나 잘했을 때 칭찬해 줘 봐."

희선은 자신이 중요한 것을 놓치고 있었다는 생각에 뒤통수를 맞은 느낌이었다. 아이를 혼내기만 해서는 안 된다는 조언을 마음에 새겼다. 당근과 채찍이란 말이 떠올랐다. 자신이 그동안 채찍만 줬으니 주영 입장에서도 억울하겠다 싶어서 칭찬도 해 주어야겠다고 결심했다. 그러고 보면 자신도 학창 시절에 선생님에게 칭찬받을 때 힘이 나고 더 잘하고 싶었던 기억이 났다.

희선은 칭찬할 주영의 행동을 결정하기 위해 세심히 살펴보기로 했다. 칭찬의 관점에서 살펴보니, 주영은 친구와 장난치고 떠들면서 수업을 방해하는 행동을 하긴 했지만 수업에 집중하는 모습도 꽤 자주 보였다. 희선은 아차 싶었다. 그동안 좋은 모습도 보여줬는데 선생님이 알아주지 않으니 얼마나 속상했을까 생각했다. 그리고 수업에 집중하는 모습을 보일 때마다 다가가서 칭찬을 했다.

"주영이가 이렇게 수업 시간에 조용히 집중하네. 아주 잘하고 있어. 선생님은 기분이 너무 좋다."

결과는 예상 밖이었다. 칭찬을 해 주면 수업에 더 많이 집중할 줄 알았는데, 시간이 갈수록 점점 그 빈도가 줄어드는 것이었다. 급기야 주영은 수업에 집중하는 모습을 거의 보이지 않게 되었고, 오히려 장난을 더 심하게 쳤다. 그러던 어느 날 주영은 반 아이들이 다 들을 수 있는 큰소리로 이렇게 말했다.

"아, 수업 진짜 재미없네. 집에 가고 싶다!"

희선은 너무 당황스럽고 놀라서 울고 싶은 심정이었

다. 도대체 뭐가 잘못된 것인지 알 수가 없었고, 도저히 주영의 행동을 이해할 수 없었다. 야단을 쳐도, 칭찬을 해도 말을 듣지 않으니 말이다.

마음을 알고 있다는 착각

교사나 부모, 조직의 리더처럼 여러 사람을 통제하고 관리하는 입장이라면 희선의 상황에 공감할 것이다. 소위 바람직한 행동은 더 많이 하도록 만들고, 바람직하지 않은 행동은 줄이도록 해야 하는 상황에서 자신의 뜻대로 되지 않는 경우가 많다. 관리해야 할 대상이 기계라면 오작동의 원인을 찾아 수리하면 된다. 동물이라면 당근과 채찍을 사용해 반복 훈련을 시키면 상당한 정도로 행동을 통제할 수 있다. 그러나 사람은 기계나 동물과 비교할 수 없을 정도로 복잡한 측면이 있다.

이 때문에 어떤 이들은 사람의 마음을 연구하는 심리학이 과학이 아닌 철학에 가깝고, 인문학이라고 생각한다. 과학이라고 하려면 인과관계가 분명해야 하는데, 사람의 마음과 행동은 그렇지 않은 경우가 많은 것처럼 보이기 때문이다.

하지만 심리학자들의 주장은 다르다. 연구 대상이 복잡하다고 해서, 인과관계가 명쾌하지 않다고 해서 비과학이라고 단정 지을 수는 없다고 한다. 심리학자들은 어떤 학문이 과학이냐 비과학이냐를 구분하는 것은 학문의 내용이나 대상이 아니라, 연구 방법과 절차에 달려 있다고 한다. 즉 가설을 세우고, 수집한 자료에 근거하여 결론을 내린다면 과학이라고 할 수 있다는 것이다. 심리학도 사람의 마음을 이런 식으로 접근하기 때문에 당연히 과학이라고 주장한다.

심리학을 과학이라고 주장한 대표적인 심리학자가 스키너다. 그가 심리학도의 길을 가기 시작했던 건 20세기 초반으로, 당시의 심리학은 사람의 마음에 과학적으로 접근하려고 노력했으나 실은 과학을 흉내내는 정도였다. 마음을 제대로 측정할 수 있는 논리도 방법도 없었다. 심리학자들은 피험자에게 직접 자신의 마음을 설명해 보라고 하고서는 그 보고를 그대로 믿었다. 스키너는 이 방법에 문제를 제기했다. 그 사람이 자신의 마음을 스스로 잘 알고 말하는지, 그냥 짐작으로 대충 말하는지 확인할 수도 없을뿐더러 의도적으로 거짓말을 하지는 않더라도 자신도 모르게 왜곡된 보고를 할 수도 있지 않겠냐고 말이다. 그래서 스키너는 심리학이 과학이 되려면 연구 대상을 마음이 아닌 행동으로 국한해야 한다고 주장했다. 마음과 달리 행동은 객관적으로 관찰할 수 있고 정확한 측정이 가능하기 때문이다.

스키너가 이런 주장을 펼친 지 한 세기 정도가 흘렀음에도 여전히 많은 사람들은 자신의 마음이나 타인의 마음을 객관적으로 안다고 착각한다. 정말 그럴까 싶다면 다음의 경우를 생각해 보자. 직장에 자주 지각을 하는 사람이 있다고 하자. 그가 어느 날 업무가 시작된 지 1시간이 지났을 때 헐레벌

떡 사무실 문을 열고 뛰어 들어온다면 다른 이들은 어떻게 생각할까? 대부분은 그 사람의 잦은 지각(행동)이 게으르고 무책임한 성격(마음) 때문이라고 생각할 것이다.

이번에는 사람들이 많이 다니는 대로변에서 누군가 길을 가다가 미끄러져서 몸에 중심을 잃고 크게 넘어졌다고 하자. 이 광경을 목격한 주변 사람들은 이 사람이 넘어진(행동) 이유를 어디에서 찾을까? 상당수는 그 사람이 조심스럽지 못해서(마음) 그랬다고 생각한다. 어떤 정치인이나 연예인이 불법을 저질렀다(행동)는 기사를 신문에서 봤을 때도 사람들은 너무나 당연하게 원래 나쁜 사람(마음)이라고 판단한다. 이처럼 우리는 다른 사람이 한 행동의 원인을 환경(상황)보다는 성격(마음)에서 찾는 경향성이 있다. 이를 심리학에서는 기본적 귀인 오류fundamental attribution error라고 한다. 행동의 원인을 찾을 때 누구나 쉽게 범하는 오류라는 뜻이다. 원인을 찾을 때만 마음을 예측하는 것이 아니다. 길을 가다가 넘어진 사람을 보면서 '아픈 거보다는 창피한 게 더 힘들겠다'고 상대의 마음을 넘겨짚는다.

자연과학에서 관찰자는 사람이고, 연구 대상은 자연현상이다. 그래서 관찰자는 연구 대상에 대해서 자동적으로 예측하거나 판단하지 않고 세밀하게 관찰을 한다. 반면 심리학에서는 관찰자도 사람이고 연구 대상도 사람이다. 그렇기에 객관적으로 연구 대상을 관찰하기보다는, 자신의 주관적인 판단과 해석과 예측을 가미하기가 너무 쉽다. 이런 면에서 눈에 보이지 않는 마음을 연구하는 것은 상당히 까다로운 일이다.

심리학의 연구 대상이 마음이 아니라 행동이어야 한다는 스키너의 주장은 당시의 심리학자들은 물론 후대의 심리학자들에게도 상당한 비판을 받았다. 심리학이라는 학문 자체가 마음을 연구하는 학문인데, 마음이 아니라 행동을 연구하라니! 사람들은 스키너가 인간의 마음을 무시하거나 마음의 존재를 부정한다는 식으로 받아들이기도 했다. 그러나 스키너는 마음의 존재를 부정한 것이 아니다. 다시 말해 인간에게 마음이 없다는 주장을 하지 않았다. 다만 그 당시의 기술로는 마음을 객관적으로 연구할 수가 없었기에 마음이 아닌 행동에 초점을 두자는 것이었다. 어차피 우리가 누군가의 마음에 관심을 가지는 것은 그의 행동 때문이다. 아무런 행동도 하지 않았는데 마음에 관심을 가질 일은 없지 않은가. 분명히 스키너의 주장은 설득력이 있다. 희선의 상황이라면 더욱 말이다.

희선은 주영이 수업을 방해하면서 친구에게 장난을 치지 않길 바랐다. 몇 번 주의를 줬지만 주영의 행동에 변화가 없자 화를 내면서 야단을 쳤다. 이때 희선은 주영의 마음을 섣불리 예측했다. 본인이 그랬듯이 주영도 선생님에게 혼나는 것이 싫을 테니 혼이 나면 장난치는 행동을 줄일 것이라고 말이다. 하지만 이것은 어디까지나 희선의 경험에 근거한 예측이었고, 결국 착각이었다. 주영의 문제 행동은 오히려 더 많아졌다.

당황한 희선이 선배 교사의 조언대로 수업에 집중하는 주영의 바람직한 행동을 칭찬한 것도 비슷한 실수였다. 자신의 경험을 되살려 주영도 선생님에게 칭찬받고 싶은 마음일 테니, 집중할 때 칭찬하면 또 칭찬을 받고 싶어서 더 집중할 거라고 착각한 것이다. 만약 희선이 선배 교사가 아니라 스키너에게 찾아가서 자신이 처한 상황에 대해 조언을 구했으면 아마 이런 답변을 듣지 않았을까?

> "주영 학생의 마음을 예측하지 말고, 희선 씨가 혼냈을 때나 칭찬했을 때 주영의 행동을 관찰하세요. 중요한 것은 희선 씨의 경험이나 의도가 아닙니다. 본인이 혼내거나 칭찬을 했을 때 어떤 의도였는지도 중요하지 않습니다. 또한 주영의 의도와 마음도 알 바가 아닙니다. 결과적으로 주영의 행동 빈도가 감소했는지 증가했는지 이것만 관찰하면 됩니다."

마음이 아니라 행동

스키너처럼 심리학의 연구 대상을 마음이 아니라 행동으로 국한해야 한다고 주장한 이들을 행동주의자라고 한다. 다른 행동주의자들이 그랬듯 스키너도 유기체(살아 있는 생명체)가 어떻게 행동하는지 그 원리를 파악하기 위해 동물 실험을 주로 했다. 사람을 대상으로 실험하는 것은 윤리적 문제에 부딪힐 수밖에 없기 때문이었다. 또 동물 실험을 통해서 얻은 결과를 사람에게 일정 부분 적용시킬 수 있다고 생각했다. 마치 의학을 비롯한 자연과학에서 사람 대신 동물을 상대로 실험을 하고, 그 연구 결과를 사람에게 확장하는 것과 같은 이치였다.

스키너는 동물 실험을 진행할 장치를 만들었다. 동물이 들어갈 수 있는 상자를 만들고, 그 안에 동물이 조작할 수 있는 레버를 설치했다. 레버 옆에는 빈 먹이통을 두어 외부에서 먹이를 줄 수 있게 연결통로를 만들었고, 상자 바닥에는 전류가 흐르도록 전선을 설치했다. 이를 스키너 상자라고 한다.

스키너는 레버를 누르면 자동으로 먹이통에 먹이가 떨어지도록 설계한 상자에 쥐를 집어넣었다. 쥐는 새로운 환경을 탐색하면서 상자 곳곳을 돌아다니기도 하고, 냄새를 맡는 등 다양한 탐색 활동을 했다. 그러다가 우연히 레버를 눌렀다. 설계한 대로 레버를 누르자마자 먹이가 먹이통으로 굴러들어왔고, 쥐는 먹이를 먹었다. 그리고 잠시 후 쥐는 다시 레버를 눌렀고, 또 먹이가 주어졌다. 또 레버, 또 먹이. 레버를 누를 때마다 먹이가 주어지는 경험을 반복적으로 하자, 나중에 쥐는 자판기를 이용하듯이 레버를 눌러서 식사를 했다.

스키너는 먹이를 통해 레버를 누르는 쥐의 행동이 증가하는 현상을 목격했고 이 절차를 강화reinforcement, 행동을 증가시키는 자극인 먹이를 강화물reinforcer이라고 명명했다. 어떤 이들은 강화물을 보상reward이라고도 하는데, 엄밀히 말하면 보상은 틀린 표현이다. 왜냐하면 보상이라는 말에는 어떤 자극이 '좋은 것'이라는 판단이, 혹은 '좋은 것'을 준다는 의도를 포함하고 있기 때문이다. 스키너는 좋고 나쁘다는 것은 마음에서 일어나는 판단이라면서 올바른 표현이 아니라고 말한다. 실제로 좋고 나쁘다는 것은 상황에 따라, 사람에 따라, 경우에 따라 달라질 수 있다. 반면 강화라는 말은 다분히 결과적인 말이다. 어떤 자극이든 상관없이, 심지어 상대에게 고통을 줄 수 있을 것 같은 자극이더라도 상대방의 행동을 증가시키면 강화물이 된다.

스키너 상자는 동물에게 먹이만을 주는 곳은 아니었다. 때로는 상자의 설계를 바꿔서, 레버를 누를 때마다 바닥에 전류가 흐르도록 했다. 사람도 찌릿함을 느낄 정도의 전류였다. 레버를 누를 때마다 먹이를 먹을 수 있었던 쥐를 새로운 스키너 상자에 넣었다. 쥐는 먹이라는 강화물을 통해 레버 누르는 행동을 강화 받았기에 새로운 스키너 상자에서도 레버를 눌렀다. 그런데 먹이통은 아무런 반응이 없고 대신 바닥에 전류가 흐르는 것이 아닌가! 쥐는 고통스럽다는 듯이 네 다리를 움찔거렸다. 잠시 후 쥐는 다시 레버를 눌렀고, 이번에도 전류가 흘렀다. 레버를 누를 때마다 바닥에 전류가 흐르자, 쥐는 레버 누르는 행동을 점차 덜 했고 마침내는 레버를 누르지 않았다. 이처럼 어떤 자극(전기)으로 유기체의 행동(레버 누르기)이 감소하는 현상을 처벌punishment라고 명명했다.

많은 이들은 처벌을 체벌, 즉 누군가에게 신체적 고통을 주는 것과 같은 거라고 생각한다. 하지만 적어도 심리학에서의 처벌은 그 자체로 '고통스럽고 나쁜 것'이라는 의도가 포함되어 있지 않다. 강화처럼 처벌 역시 어떤 자극을 주었을 때 유기체의 행동이 증가하는지 감소하는지에 관심을 가진다.

그렇다면 무엇이 강화물이고 무엇이 처벌일까? 심리학 개론 책에는 물과 먹이, 돈과 칭찬은 강화물이고 전기충격, 소음 등은 처벌이라고 구분한다. 정말 그럴까? 그렇지 않다. 물과 먹이, 돈과 칭찬이 언제 어디서나 강화물인 건 아니다. 이것이 유기체의 행동을 증가시킬 때만 강화물인 셈이다. 전기충격과 소음도 마찬가지다. 행동의 빈도가 감소해야 처벌인 것이다. 결국 강화냐 처벌이냐 하는 것은 강화물의 속성이 아니라 강화물에 반응하는 유기체 행동의 빈도가 결정한다.

그럼에도 많은 사람들은 강화는 좋고 즐거운 것, 처벌은 불쾌하고 나쁜 것이라고 구분하는 경향이 있다. 어떤 행동을 했을 때 좋고 즐거운 것을 받으면 그 행동을 더 많이 하고, 불쾌하고 나쁜 것을 받으면 그 행동을 더 적게 한다는 자신의 경험 때문일 것이다. 여기서 문제는 좋고 즐거운 것과 불쾌하고 나쁜 것의 구분이 명확하지 않다는 데 있다.

생각해 보자. 간지럼은 어떤가? 좋고 즐거운 것인가, 불쾌하고 나쁜 것인가? 아이들에게 간지럼을 태우면 아이들은 대부분 깔깔 웃는다. 기분이 좋은 것처럼 보이고 더 해달라고 부탁한다. 어른들에게 간지럼을 태우면 어떤 반응일까? 웃는 사람도 있겠지만 화를 내면서 불쾌하게 여기는 사람도 있을 것이다. 혹은 깔깔 웃기는 하는데, 말로는 하지 말라고 부탁하는 사람도 있다. 간지럼은 사람에 따라서 좋기도 하고 나쁘기도 하다. 게다가 누가 간지럼을 태우느냐에 따라 또 다르다. 사랑하는 사람이 간지럼을 태우면 기분이 좋지만, 갈등 상황에서 사이가 안 좋은 사람이 간지럼을 태우면 너무 화가 나고 불쾌할 것이다. 자극의 속성에 따라 강화인지, 처벌인지 구분한다면 간지럼은 무엇인가?

이번에는 욕이다. 욕은 대체로 처벌로 작용할 거라 생각한다. 물론 많은 사람들이 욕을 불쾌하게 여기고 싫어한다. 이렇게 보면 욕은 분명히 처벌로 분류해야 한다. 그런데 한 때 유행했던 욕쟁이 할머니를 기억하는가? 음식점에 찾아오는 손님들에게 주인 할머니가 욕을 섞어가면서 말을 했고, 이것이 유명세를 타면서 해당 가게는 욕쟁이 할머니를 만나기 위해 전국에서 모여든 손님들로 인산인해를 이루었다. 몇 시간씩 기다려서 겨우 가게에 들어온 손님들은 음식보다는 욕을 더 먹으려고 할머니에게 경쟁적으로 말을 걸기도 하는 진풍경이 벌어졌다. 이런 상황에서 욕은 음식점에 찾아오게 하고, 또 할머니에게 말을 거는 행동의 강화물인 셈이다.

생각을 내려놓고 관찰하기

자극의 속성, 제공자의 의도, 자극을 받는 유기체의 마음이나 판단에 따라 강화물과 처벌을 구분하지 않고, 유기체의 행동 빈도에 따라 구분하는 것은 획기적이다. 이런 관점에서 보면 교사나 부모, 조직의 리더가 사람을 통제하고 관리하는 데 실패하는 이유를 분명히 알 수 있다.

희선을 힘들게 했던 주영의 행동을 생각해 보자. 주영처럼 문제 행동을 일으킬 때 많은 사람들은 문제 행동의 원인과 이유를 파악하려고 애쓴다. 원인을 파악하면 문제를 해결할 수 있을 것이라 생각한다. 그러나 행동의 원인을 정확히 파악하는 것은 불가능하고, 혹시나 파악한다 해도 해결이 어려운 경우가 많다.

만약 희선이 문제 행동의 원인을 알기 위해서 주영과 면담을 했다고 가정하자. 면담을 통해 가정에서 부모님으로부터 충분히 사랑받지 못했다는 사실을 알았고, 결국 문제 행동을 일으키는 이유는 어떤 식으로라도 선생님의 관심을 끌기 위해서라는 결론을 내렸다면 어떻게 문제를 해결할 수 있을까? 원인이 애정결핍이니 애정을 채워주면 될까? 가정에서 부모님으로부터 충분히 받지 못한 애정을 학교에서 담임 교사를 통해 채울 수 있을까? 쉽지 않은 일이다.

또 아이들에게 나타나는 문제 행동의 원인은 심리적이기보다는 타고난 기질과 관련이 있기도 하다. 아주 어렸을 때부터 가만히 앉아서 무언가에 집중하기보다는 끊임없이 몸을 움직이면서 새로운 자극을 추구하는 경우를 생각해 보라. 타고난 기질의 문제다. 희선이 주영의 부모님과의 면담을 통해서 문제 행동의 원인이 타고난 기질과 관련이 있다는 사실을 알았다면 어떻게 해결할 수 있을까? 어떤 이들은 약물치료를 받으면 되지 않겠냐고 하나, 약물의 효과는 제한적이고 부작용도 있어서 좋은 해결책은 아니다.

초등학교처럼 당사자나 주변인들과 면담으로 행동의 원인을 파악할 수 있는 상황도 흔치 않다. 편의점 사장님이 아르바이트생의 문제 행동을 파악하기 위해서 당사자나 부모와 제대로 된 면담을 할 수 있을까? 만약 면담을 한다 해도, 정확히 원인을 파악할 수 있을까? 원인을 파악했다 해도 제대로 된 해결책을 찾아낼 수 있을까? 불가능에 가깝다. 그래서 스키너는 이런 노력을 하지 말고 상대가 어떤 환경에서 문제 행동을 더 많이 하는지, 적게 하는지만 관찰하면 된다고 말한다.

주영이 수업 시간에 옆 친구에게 장난을 치면서 수업을 방해하는 행동을 했을 때, 희선은 주영을 혼냈다. 하지만 혼낼수록 주영의 문제 행동은 더 증가했다. 이런 상황에서 선생님의 꾸중은 학생의 문제 행동을 강화시킨 셈이다. 즉 꾸중이 강화물이 된 것이다! 자신이 혼냈기 때문에 주영의 문제 행동이 증가했다고 생각하지 못한 희선은 칭찬이라는 반대 전략을 사용했다. 수업에 집중하는 행동을 보일 때 칭찬을 한 것이다. 놀랍게도 칭찬을 받은 주영은 수업에 점점 덜 집중하기 시작했다. 칭찬이 처벌로 작용한 것이다! 자신의 예상과 완전히 반대로 반응하는 주영을 보고 희선은 혼란에 빠졌다. 희선의 전략이 실패한 원인은 자신의 생각과 의도를 앞세웠기 때문이다. 행동주의에서는 무엇보다 세밀한 관찰을 중요시한다. 누군가의 행동을 바꾸고 싶다면 먼저 할 일은 관찰이다.

희선이 했던 것처럼 누군가의 행동을 변화시키려는 시

도를 심리학에서는 행동 수정behavior modification이라고 한다. 실제로 심리학자들이 현장에서 행동 수정을 사용할 때 처음에 하는 일은 세밀한 관찰이다. 어떤 행동을 감소시키고, 증가시킬지 구체적으로 정한다. 그리고 그 행동이 얼마나 자주 나타나는지 그 빈도를 관찰하여 기록한다. 강화와 처벌 등의 방법을 사용했을 때 실제로 얼마나 감소하거나 증가했는지 비교할 기준을 만들기 위해서다.

그다음은 바람직한 행동을 증가시키는 최적의 강화물을 찾는 것이다. 가장 대표적으로는 칭찬을 사용한다. 바람직한 행동을 주영이 보일 때마다 칭찬을 하고, 칭찬 이후에 그 행동이 증가했는지 감소했는지를 관찰한다. 만약 행동이 증가했으면 칭찬을 계속 강화물로 사용하면 되지만, 칭찬을 받아도 행동 변화가 없거나 오히려 감소했다면 다른 강화물을 찾아야 한다. 강화물은 무궁무진하다. 선생님의 따스한 눈빛이나 웃음이 될 수도 있고, 등과 어깨를 두드리는 신체적 접촉이 될 수도 있다. 상당수의 초등학교 교실에서는 칭찬 스티커를 강화물로 사용한다. 그것이 무엇이든 결과적으로 행동이 증가해야 한다.

바람직하지 못한 행동의 감소를 위해서도 같은 과정을 거쳐야 할까? 그렇다. 만약 처벌이라는 절차를 사용하려면, 강화를 사용하기 위한 것처럼 세밀한 관찰을 통해 목표 행동을 정하고 그 빈도를 기록한다. 그리고 행동을 줄이기 위한 자극을 주고 결과적으로 빈도가 감소하는지 관찰해야 한다.

처벌을 하기 위해서는 행동을 멈출 만한 자극을 주어야 하는데, 주영의 사례처럼 칭찬도 처벌이 될 수 있지만 대부분의 경우는 신체적으로나 정신적으로 고통을 주는 자극이 처벌로 작용한다. 그러나 유기체에게 고통을 주면서 어떤 행동을 없애려고 하는 것은 득보다 실이 크다. 그 고통을 느끼는 정도가 개인마다 모두 다르기 때문에, 처벌을 주는 입장에서는 고통의 강도가 적다고 느끼더라도 받는 입장에서는 굉장히 크게 느껴 심리적 트라우마가 발생할 수도 있다. '빈대 잡자고 초가삼간 태운다'는 속담처럼 말이다. 또 문제 행동을 당장은 줄일 수 있으나, 처벌이 사라지면 문제 행동이 다시 나타나는 경우도 많다. 이 때문에 심리학자들은 가급적 처벌을 사용하지 않으려고 한다.

그래서 문제 행동의 빈도를 줄이기 위해 심리학자들은 처벌보다는 소거extinction를 사용한다. 소거란 어떤 행동이 사라지는 과정을 말한다. 처벌과 다른 점이 있다면, 처벌은 어떤 자극을 제시하여 행동의 빈도는 낮추는 것이라면 소거는 아무런 자극도 제시하지 않는다는 것이다. 아무런 자극도 제시하지 않는데 행동이 사라지는 이유는 무엇일까?

기본적으로 유기체는 자극을 추구하는 경향이 있다. 자신에게 유익하거나 기분을 좋게 하는 자극을 제일 좋아하는데, 만약 이런 자극을 얻을 수 없다면 고통스러운 것이더라도 자극이 있는 것을 더 선호한다. 아무런 자극이 없는 상태보다는 말이다. 아무런 자극이 주어지지 않는다면 유기체는 어떤 반응도 하지 않는다. 많은 부모나 교사, 조직의 리더가 바로 이 지점에서 실수를 한다. 뭔가 잘못했을 때 그것을 지적하고 혼내는 것이 제일 좋다고 생각하는 것이다. 하지만 주영이 그랬듯이 어떤 이들에게는 부정적 자극이더라도 강화로 작용할 수 있다. 아무런 관심을 받지 못하는 것보다는 누군가의 분노라도 받는 것이 더 나을 수 있다. 잘못된 행동을 없애려면 아예 반응하지 않으면 된다. 시간이 지나면 자연스럽게 사라질 테니 말이다.

마음에는 자유의지가 없다

강화와 처벌, 소거라는 행동 수정의 기본 원리는 우리의 삶 도처에 깔려 있다. 지금도 나와 당신의 행동을 통제하고 있다. 너무 많아서 일일이 언급할 수 없을 정도고, 너무나 익숙해서 행동 수정이라는 생각조차 하기 힘들 정도다.

가장 대표적인 것은 모든 사람들의 손에 들려 있는 핸드폰이다. 서너 살 정도 된 아이들도 아주 능숙하게 핸드폰을 사용한다. 핸드폰은 어른들도 처음 사용할 때는 당황할 정도로 복잡한 IT 기기다. 그런데도 어린아이들이 핸드폰을 잘 사용하는 이유는 무엇일까? 아이들이 굉장히 똑똑하기 때문은 아니다. 사용자의 행동을 적절히 통제하는 행동 수정의 원리가 핸드폰에 프로그래밍 되어 있고, 단지 아이들은 어른보다 적응이 빠를 뿐이다. 핸드폰 옆의 A 버튼을 눌러야 화면이 켜진다고 하자. 이때 A 버튼을 누르는 행동은 화면이 켜짐으로써 강화를 받게 된다. 음악을 들으려고 앱application을 손으로 누르는 행동도 앱 실행으로 강화를 받는 것이고, 소리가 작을 때 한쪽 버튼을 눌러서 볼륨을 키우는 행동도 소리가 커지는 것으로 강화를 받는다.

자동차 운전도 같은 원리가 적용된다. 방향지시등을 켜면 깜빡깜빡 소리가 난다. 이 소리는 방향지시등 조작 행동을 강화한다. 운전석 아래 오른쪽 페달을 밟을 때 자동차가 빨리 달리는 것도 가속페달 밟는 행동을 강화하고, 왼쪽 페달을 밟을 때 자동차가 멈추는 것도 브레이크 페달 밟는 행동을 강화한다. 또 운전자가 과속을 했을 때 단속 카메라에 찍히면 날아오는 범칙금 통지서라는 처벌을 통해 과속 행동이 줄어든다.

기계에만 국한되는 이야기가 아니다. 강화와 처벌의 효과가 주영과는 반대였지만 희선 역시 학창시절 선생님의 반응을 통해 모범생으로 지냈다. 수업 시간에 집중하는 모습을 보일 때 선생님의 칭찬을 받아 수업에 더욱 집중하게 되었다면 강화, 친구와 잡담을 할 때 선생님께 꾸중을 들어 잡담의 빈도가 줄었다면 처벌이다. 또 친구들을 웃겨보려고 농담을 했는데, 아무런 반응을 받지 못했으면 그 행동은 소거된다.

부모는 이 원리를 아기에게 적용하며 언어를 가르친다. 옹알이를 시작한 아기가 "엄마"와 비슷한 "마"라고 할 때 부모는 "엄마라고 했어? 엄마!"라면서 아기를 사랑스러운 얼굴로 쳐다보는데, 이것이 아기에게 강화물이다. 만약 아이가 의미 없는 "브"라는 소리를 내면 부모는 아무런 반응도 하지 않아 소거된다. 시간이 지나면서 부모는 아이가 조금 더 정확한 발음을 할 때 반응을 통해 강화하고, 부정확한 발음을 할 때 반응을 하지 않아 소거한다. 결국 이런 식으로 각 언어권의 적절한 발음이 강화 받으면서 아기들은 언어를 학습한다. 유치원이나 초등학교에서 친구가 하는 나쁜 말을 듣고 따라 할 때 친구들이 재미있다고 반응해 주면 강화되지만, 집에 와서 부모님 앞에서 나쁜 말을 해서 혼나면 처벌을 받는다.

사람은 태어나서 죽을 때까지 국가와 사회, 그리고 자연과 인간이 만들어 놓은 행동 수정의 원리에 영향을 받아 행동한다. 그렇다면 과연 환경과 무관하게 우리의 자유의지를 따르는 행동이 있을까? 스키너는 자신의 책《자유와 존엄을 넘어서》에서 이 문제를 다루고 있다. 스키너는 인간이 자유의지로 했다고 말하는 행동을 잘 살펴보면 혐오스러운 결과를 피하거나 긍정적 결과를 얻기 위한 행동일 뿐이라고 주장한다. 자유의지처럼 보이는 행동들도 환경의 산물이라는 셈이다.

그렇다면 자유의지는 없다는 말일까? 스키너는 단호히 그렇다고 말한다. 자유에 대한 믿음이 허구라고 한다. 그렇다면 인간은 환경의 지배를 받는 무력한 존재라는 말인가? 스키너는 그렇지 않다고 한다. 스키너는 환경을 통제하고 설계하는 것이 인간이라고 말한다. 자유의지가 없다고 말하면서, 대신 환경을 통제할 수 있다는 스키너의 이야기를 이해하려면 그가 살았던 시대를 알아야 한다.

스키너는 20세기의 사람이었다. 두 번의 전쟁과 냉전의 시대, 핵전쟁의 위협을 겪었다. 그는 이런 재앙의 원인은 인류가 자유의지라는 허구를 믿고 살아왔기 때문이라고 생각했다. 다시 말해 인간이 스스로 좋은 판단과 선택을 할 것이라고 믿기만 했을 뿐, 아무것도 하지 않았기 때문이라는 것이다. 그래서 앞으로도 인류가 인간의 자유와 존엄에 대한 환상을 포기하지 않으면 더 큰 재앙을 경험할 수 있다고 경고한다. 그는 막연하고 모호한 태도로 자유의지만 믿지 말고 보다 나은 세상을 만들기 위해서 환경을 통제하자고 말한다. 인간의 행동을 통제하는 것이 환경이고, 환경은 인간이 설계할 수 있으니 스키너가 궁극적으로 주장하는 것은 인간의 무력함이 아니라 새로운 가능성인 셈이다.

인간의 자유의지를 부정했다는 것을 단편적으로만 이해하면 화가 나거나 기가 막히겠으나 다른 면으로 생각하면 상당히 좋은 이야기임을 알게 된다. 사람은 누구나 다양한 실수와 잘못을 한다. 이를 막기 위해서 부모는 자녀에게, 교사는 학생에게, 선임은 후임에게 교육한다. 그리고 어느 정도 교육이 끝나면 스스로 노력해서 옳은 일을 할 수 있다고 믿는다. 이 같은 자유의지에 대한 신뢰는 옳은 일을 하지 못했을 때 비난을 퍼붓는 구실로 작용한다. 자유의지를 주장하면 인간이 뭔가 괜찮은 존재가 된 것처럼 기분은 좋겠지만, 그 행동에 대한 굴레를 짊어지는 셈이다.

반면 자유의지에 대한 신뢰를 내려놓고 인간이 환경의 영향을 받는 존재라고 인정하면, 실수와 잘못을 했을 때 그 사람을 비난하기보다는 환경에서 원인을 찾아 수정하려고 할 것이다. 자유의지가 없다고 생각하면 당장 기분은 나쁠지 몰라도, 자신의 행동에 대해 억울한 비난과 오해는 받지 않을 수 있다. 게다가 환경의 변화를 통해 더 나은 행동을 할 수도 있다. 물론 실제 우리 인간은 완벽하게 자유의지가 있지 않고, 완벽하게 환경의 통제를 받는 것도 아닐 것이다. 그러나 얼마나 많은 사람들이 자유의지에 대한 한없는 신뢰와 기대 때문에 인간을 비판하고 정죄하는지 생각해 본다면, 스키너의 주장이 왜 윤리적이고 현실적인지를 알 수 있다.

스키너가 말하는 인간의 마음

‡

1. 타인의 마음을 예측할 수 있다는 건 착각이다

사람들은 타인의 행동을 보고 그 마음을 추측한다. 단지 추측하는 정도가 아니라 확신하는 경우도 많다. 심지어 상대방으로부터 그런 마음이 아니라는 이야기를 듣더라도 자신의 생각을 포기하지 않는 경우도 있다. 스키너는 눈에 보이지 않는 타인의 마음을 섣불리 판단하지 말라고 조언한다. 판단은 자신의 경험에 비추어서 하는 것이어서 너무나 많은 오해와 해결되지 않는 갈등을 유발한다.

분명히 드러나는 것은 행동이다. 그 행동에 의미를 부여하고, 그 이면의 마음을 섣불리 판단하기 전에 행동을 세밀히 관찰해야 한다. 이는 과학자의 자세이기도 하다. 모든 과학자들은 연구 대상을 관찰한다. 관찰을 통해 자료를 수집하고 가설을 세워 실험을 한다. 만약 자신의 가설과 관찰 가능한 자료가 상충된다면 가설을 기꺼이 포기한다. 우리도 일상에서 섣부른 판단보다는 세밀한 관찰을 중요시한다면 생각보다 많은 오해와 갈등에서 벗어날 수 있다.

2. 마음에는 자유의지가 없다

상대방이 비도덕적이고 비윤리적인 행동을 했을 때, 법과 규칙을 어겼을 때, 자신의 기대를 저버렸을 때 사람들은 비난을 한다. 자신의 자유의지를 사용해 더 나은 행동을 할 수 있고, 법과 규칙을 지킬 수 있으며, 기대에 부응할 수 있음에도 그렇게 하지 않았다고 생각하기 때문이다. 모든 것을 다분히 의도적이고 계획적이라고 생각하면서, 자신의 비난을 정당화한다.

하지만 사람은 과거의 경험을 통해서 학습한 행동을 반복하는 경향이 있고, 또 환경의 영향을 크게 받는다. 과거의 경험이나 환경의 영향과 무관하게 매 순간 스스로 판단하고 행동하는 사람이 얼마나 될까? 그래서 스키너는 자유의지를 허상이라고 말한 것이다. 누군가 잘못했다면 비난보다는 그 이유를 찾아보자. 비난은 손쉬우나 어떤 것도 해결해 주지 못한다.

3. 마음이 아닌 환경을 바꿔보자

변화를 위해 필요한 것은 무엇일까? 확실한 계획과 단호한 결단력이 아니다. 우리의 뇌는 상상과 현실을 혼동한다. 좋은 일은 상상만 해도 실제로 기분이 좋아지고, 힘들었던 일은 생각만 해도 몸이 긴장을 한다. 변화를 위해 계획을 세우고 굳게 결심을 하면 마치 이미 변화한 것처럼 뇌는 착각에 빠진다. 그러나 실제 변화로는 이어지지 않는다. 만약 중요한 시험을 앞둔 수험생이 계획을 짜고, 계획대로 열심히 공부하기 위해 비싼 돈을 내고 독서실에 다닌다고 하자. 계획대로 집중해서 공부하게 되면 정말 좋겠으나 생각보다 많은 이들은 계획대로 못하고 졸음과의 사투를 벌이면서 시간을 보낸다. 그리고는 자책한다. 다시 결심한다. 또 자책한다. 결심과 자책의 무한반복이다.

스키너는 실제 행동의 변화를 원한다면 마음이 아닌 환경을 바꿔보라고 말한다. 공부에 집중하려면 자신이 집중할 수 있는 환경을 찾아야 한다. 어떤 사람들은 조용한 독서실보다는 어느 정도 소음이 있는 카페에서 더 집중이 잘 된다. 또 계획을 세우고 실천에 성공하면 강화물을, 성공하지 못하면 처벌을 스스로에게 제공하자. 아니면 믿을 만한 사람에게 자신의 거금을 맡기고, 약속한 시간까지 계획한 대로 공부를 하면 돈을 돌려달라고 하는 것도 한 가지 방법이다. 어떤 방법이든지 좋다. 마음을 바꾸려고 하지 말고, 환경을 바꿔보자. 작심은 삼일만 지속되지만, 환경은 그보다 더 오래 지속된다.

나 자신을 받아들일 때만 변화할 수 있다

Chapter 5.

칼 로저스

Carl Rogers

참고 참다 분노가 폭발하다

‡

30대 초반의 직장인 지수는 부모님과 연을 끊고 살겠다고 결심한 후 언니 서정에게 연락했다. 자신도 언니처럼 독립할 거라면서, 더 이상 부모님과 연락하고 싶지 않으니 가족 모임을 하더라도 자신에게 연락하지 말라고 부탁했다. 서정은 동생의 폭탄선언에 놀랐다. 왜냐하면 일찍이 부모님에게 반항하며 지냈고 성인이 되자마자 독립한 자신과 달리 지수는 부모님에게 순종적인 딸이었기 때문이다.

사실 서정과 지수의 부모님은 엄격하다 못해 너무 무섭고 권위적이었다. 부모님 두 분이 싸우는 일도 많았지만, 그보다는 두 딸을 많이 혼냈다. 그냥 말로만 혼낸 것이 아니라 중학생 때까지 때렸다. 혼나고 맞은 이유도 다양했다. 성적이

떨어졌다고, 말대꾸했다고, 자매끼리 싸웠다고, 친구와 사소한 갈등이 있었을 뿐인데 친구 부모님이 집으로 전화를 걸었다고, 어른들에게 공손하게 인사하지 않았다는 등의 이유로 혼나고 맞았다.

서정은 부모님의 폭언과 폭력을 참다못해 중학생 때 가출을 결심했다. 당시 초등학생이었던 지수에게도 같이 나가자고 했다. 그러나 어렸던 지수는 부모님도 무서웠지만 집 밖이 더 무서웠던 터라 거절했다. 마침 서정도 친구네 집에 머무르려 했기 때문에 내심 잘됐다 생각하며 혼자 가출을 감행했다. 부모님은 딸이 없어진 사실을 알고 충격을 받았다. 친구들에게 전화하고 학교에 찾아갔다. 아는 것을 말하라며 지수를 미친 듯이 때렸다. 아는 것이 없는 지수는 아무런 대꾸도 할 수 없었다. 부모님은 경찰에 실종신고를 했지만, 경찰은 가출이니 기다려보라는 이야기만 했다.

며칠이 지나 친구네 집에 더 이상 머무를 수 없게 되자 서정은 가출청소년 쉼터에 찾아갔다. 쉼터의 사회복지사는 서정을 설득해 우선 부모님께 상황을 알려드리자면서, 마음이 안정될 때까지 좀 더 있어도 좋다고 했다. 서정의 동의를 받은 사회복지사는 부모님에게 전화를 하여, 서정이 지금 몹시 힘들어하고 불안해하니 조금만 더 시간을 주라고 했고, 서정의 가출에 충격을 받은 부모님은 알겠다고 대답했다.

몇 주 후 사회복지사의 중재로 서정은 집으로 들어갔다. 이후로 부모님은 많이 달라졌다. 서정에게 크게 화를 내지 않았다. 그래도 함께 살다 보면 부모가 자녀에게 잔소리를 할 수밖에 없을 때가 있는데, 이때 서정은 계속 반항하고 대들었다. 언니가 이럴수록 지수는 전보다 부모님 눈치를 더 많이 보면서 순종적으로 변했다. 부모님은 큰딸을 점점 포기했고, 대신 지수에게 기대를 더 많이 했다. 언니의 반항과 폭발이 오히려 지수에게는 더 큰 부담과 짐을 안겨주는 꼴이었다.

서정은 성인이 되자마자 독립했고 집에 남겨진 지수는 부모님 눈치를 보면서 착한 딸, 말 잘 듣는 딸, 속 안 썩이는 딸이 되어야 했다. 부모님이 얼마나 고생을 하는지 알기에, 비록 자신과 언니를 심하게 때리면서 키우기는 했지만 그것이 부모님의 단순한 화풀이나 학대가 아니라 지나친 걱정과 불안 때문이었다는 사실을 알기에 지수는 참고 견딜 수 있었다. 그런데 참고 견딜수록 부모님의 기대는 점점 더 커졌다. '언니처럼 되면 안 된다', '사회생활을 할 때는 불만이 있더라도 참아야 한다', '여자는 조신해야 한다', '늘 밝은 표정을 지어라', '돈을 아껴라' 등 끊임없는 잔소리와 훈계를 받았다. 마음은 힘들었지만, 따지고 보면 틀린 이야기가 아니라 참았다. 아니 너무 참고 살아서 그런지, 힘든 줄도 모르고 지냈다.

그러던 어느 날 서정은 집에서 저녁을 먹다가 또 시작된 아버지의 잔소리에 자신도 모르게 짜증을 냈다. 평소에는 무슨 말을 해도 묵묵히 잘 듣던 딸이 짜증을 내니 아버지는 당황했고, 이 모습을 본 어머니가 한마디 했다.

"아니, 너 아버지가 말씀하시는데 그게 무슨 태도니?"

"엄마, 그럼 나는 무조건 수긍하고 들어야 해요? 나도 힘들고 지쳤다고요. 왜 계속 내 삶에 간섭하냐고요!"

"간섭? 야! 하지수! 그걸 말이라고 해? 간섭? 넌 니 애비가 하는 말이 간섭으로밖에 안 들리냐? 이게 어디서 버릇없이!"

"나도 힘들다고요! 왜 하루도 거르지 않고 나를 비난하는데! 내가 얼마나 힘든지 당신들이 알아? 나 미치겠다고!"

지수는 잔소리하는 아버지, 그리고 아버지 편을 드는 어머니에게 소리를 질렀다. 마치 지난 30년 동안 쌓아두었던 분노를 한 번에 폭발시키는 것처럼 보였다. 그리고는 자리를 박차고 방에 들어가 여행용 가방에 짐을 싸고 집을 나서며 언니에게 전화한 것이었다.

"정말 지긋지긋해! 도대체 그 인간들은 왜 자기 딸들한테 그러냐고!"

"지수야, 네 결정에 찬성하고 동의해. 또 원할 때까지 명절이나 가족 행사에 오라고 안 할게. 나 궁금한 게 있어. 왜 그동안은 계속 가만히 있었던 거야? 나는 네가 성인이 된 후에도 부모님과 함께 살길래 넌 안 힘든 줄 알았거든."

"언니 나도 그게 이상해. 내 마음을 잘 모르겠어. 안 힘든 건 아니었지만, 부모님 마음도 이해되고, 또 한편으로는 견딜 만했었나 봐. 그런데 오늘은 나도 모르게 갑자기 모든 감정이 터져 나오는데 미치겠더라. 어쨌든 더 이상은 참을 수 없다는 생각이 들었어."

힘든 줄도 모르고 참는 이유

‡

지수처럼 많은 사람들이 자신이 힘든 줄도 모르고 관계에서 참는다. 배우자에게도 참고, 부모에게도 참고 형제간에도 참는다. 가정에서만 아니다. 학교에서도 참고, 직장에서도 참는다. 종교활동을 하면서도 참고, 동호회에 가서도 참는다. 화가 나도 참고, 할 말이 있어도 참는다. 남에게 피해 줄까 봐 참고, 내가 피해를 볼까 봐 참는다. 감정을 드러내는 모습이 약한 척으로 보일까 봐 참고, 감정을 드러내면 더 힘들어질까 봐 참는다. 참는 대상도, 참는 이유도 다양하다.

물론 지금 당장 참으면 모든 게 괜찮은 것처럼 느껴질 수 있다. 당장의 갈등도 없고, 불필요한 감정 소모도 없다. 또 사이가 크게 나빠지지 않으니 어디를 가든지 그럭저럭 적절하게 지낼 수 있다는 장점이 있다. 그러나 참으면 참을수록 나중에는 자신의 마음을 제대로 알아차리지 못하게 된다는 문제가 있다. 힘든데 힘든 줄도 모르는 상태가 된다.

도대체 무엇 때문에 이렇게 참게 되는 것일까? 로저스에 따르면 자신의 감정에 솔직하지 못한 이유는 부모나 사회가 우리에게 조건적 사랑과 애정을 심어주는 데에 있다. 본래 인간은 있는 모습 그대로 가치 있는 존재다. 갓 태어난 아기를 보라. 아무것도 하지 않아도 그 고귀한 생명의 탄생에 모두들 감격하며 기뻐한다. 그리고 아기에게 엄청난 사랑과 애정을 쏟아붓는다. 뭔가를 하지 않아도 사랑받을 가치가 있다고 생각한다.

엄밀히 말하면 아기는 아무것도 하지 않는 게 아니라, 오히려 자신의 생존을 위해서 주변 사람들을 힘들게 한다. 배가 고프면 젖을 주지 않는 것에 항의하듯 자지러지게 운다. 변을 보면 즉시 기저귀를 갈아주지 않는 게으름을 꾸중하듯 불쾌해한다. 아기가 남을 기분 좋게 하는 일이라고는 하루에 몇 분 정도 웃어주는 것이 전부이고, 대부분의 시간은 남을 괴롭힌다. 그럼에도 사람들은 아기의 존재 가치를 인정해준다. 사랑하고 예뻐한다.

하지만 시간이 지나 기거나 걷기 시작하면서, 자신의 의지를 드러내기 시작하면서, 말하기 시작하면서 사람들의 태도는 바뀐다. 있는 모습 그대로 인정해야 하는 아기의 가치를 조건으로 바꾸어 버린다. 즉 어떤 조건을 충족시켜야만 그 가치를 인정해 주는 것이다. 로저스는 이를 가리켜 가치의 조건화conditions of worth라고 했다. '언니처럼 되면 안 된다', '사회생활을 할 때는 불만이 있더라도 참아야 한다', '여자는 조신해야 한다', '늘 밝은 표정을 지어라', '돈을 아껴라'와 같은 지수의 부모님이 했던 잔소리는 결국 '언니처럼 되면 가치 없는 사람이다', '사회생활에서 불만을 참지 못하면 가치가 떨어진다',

'조신하지 않는 여자는 무가치하다', '늘 밝은 표정을 지어야 가치 있는 사람이다', '돈을 막 쓰는 사람의 가치는 형편없다'의 의미를 내포하고 있다.

가치를 조건화하는 사람이 비단 부모님뿐이겠는가? 친구들도 그렇다. 친구들 사이에서 인기가 있으려면 어떤 조건을 충족시켜야 한다. 외모가 탁월하다든지, 운동을 잘한다든지, 공부를 잘한다든지 아니면 싸움이라도 잘해야 한다. 보잘것없고 잘하는 것 없는 사람과 친구를 맺을 사람은 없다. 사회도 가치를 조건화시킨다. 언론 기사는 소위 잘 나가는 직업을 가진 사람들의 인터뷰를 싣고, 부유한 동네 사람들의 이야기에 관심을 가진다. TV에서는 연예인들이 나와 서로 얼마나 잘났는지, 얼마나 돈이 많은지, 집이 얼마나 넓은지를 자랑한다. 여기를 봐도 저기를 봐도 온통 같은 메시지다.

'가치 있는 사람이 되고 싶니? 조건을 만족시켜!'

이러한 조건 중에 한국이 다른 나라, 특히 서구 사회에 비해 유독 강조하는 조건이 있다. 바로, 감정의 억압이다. 감정의 억압은 개인보다는 공동체(집단)의 안위를 더 중요시하는 집단주의 문화의 특징이기도 하다. 모두들 감정을 드러내지 않고 있는 상황에서, 누군가 감정을 직접 드러내는 것은 공동체의 평안을 깨뜨리고 갈등으로 번질 수 있다. 그래서 집단주의 문화에서는 감정을 드러내지 않아야 한다는 암묵적 룰이 존재한다. 반면 서구 사회는 공동체보다 개인의 권리를 더 중요시하는 개인주의 문화다. 타인을 위해서 감정을 숨겨야 한다는 생각을 하지 않는다. 타인이 어떻게 생각하든 상관없이 솔직하게 자신을 드러낸다.

실제로 우리나라 사람들은 어린 시절부터 웃으면 '헤프다', '가볍다'는 지적을 듣고 자랐다. 슬퍼서 눈물이라도 흘리면 '너만 슬프냐?', '왜 그렇게 약해 빠졌냐!'는 비난을 받았다. 기분이 안 좋아 시무룩하면 '표정이 그게 뭐냐!'고 혼났고, 인상을 찡그리면 '까칠하게 굴지 말라'는 잔소리를 들었다. 이런 환경에서 자라다 보니 나중에는 기분이 좋아도 티를 내지 않고, 화나도 표현하지 않게 된다. 슬프면 혼자 울고, 짜증이 나면 잠으로 도망가거나 폭식으로 해결한다. 이렇게 자신의 감정을 돌보지 않다 보면 결국 지수처럼 감정을 매 순간 느끼지도, 표현하지도 못하는 상태가 된다. 그러나 마음은 이런 상태에 머무르지 않는다. 어떤 식으로든 표현하게 만든다.

인간이 본래 가치 있는 존재라면 사회가 요구하는 조건을 그냥 무시하면 되지 않으냐고 생각할 수 있다. 물론 세상이 뭐라 하건 타인의 평가와 무관하게 자신의 가치를 따라 사는 어른들이 실제로 있다. 하지만 대부분의 경우 어린 시절에 가치의 조건화를 경험한다. 어린 시절 부모의 사랑은 절대적이다. 단지 부모가 먹여주고 재워주고 입혀줘서가 아니다. 물리적이고 신체적인 돌봄도 중요하나, 이에 못지않게 부모의 정서적 돌봄은 아이의 삶에 절대적이다.

자신의 부모가 얼마나 잘났든 못났든, 돈이 많든 적든, 직업이 무엇이든, 성격이 어떻든 상관없다. 심지어 자신을 학대하는 부모에게도 아이들은 사랑받고 싶어 한다. 로저스는 이처럼 누군가에게 사랑받고 싶어 하는 성향은 타고나는 것이라면서 이를 가리켜 긍정적 존중의 욕구need for positive regard라고 했다.

정리하자면 인간은 긍정적 존중의 욕구 때문에, 자신의 본래 가치 대신 부모나 사회가 제시하는 조건을 충족시키는 삶을 살게 된다. 조건적이지만 사랑과 인정을 받기 위해 자신의 마음에 솔직하기를 포기한다. 부모나 사회가 제시하는 사람이 되기 위해서, 부모나 사회가 원하는 삶을 살기 위해 자신의 마음을 속인다. 처음에는 힘들 수 있지만 다행히 인간의 적응력은 엄청나다. 시간이 갈수록 전혀 힘들지 않으며, 나중에는 정말 자신의 마음이 어떤지조차 알 수 없게 된다.

현대인들에게 가치의 조건화는 너무나 당연한 것처럼 느껴진다. 공부를 잘해야, 좋은 학교에 진학해야, 좋은 직업을 가져야, 돈이 많아야, 잘생겨야, 예의 있어야, 질서와 법을 잘 지켜야, 놀 때는 화끈하게 놀 수 있어야, 용기가 있어야, 유머도 있어야, 정리정돈을 잘해야, 요리도 잘해야, 창의적이어야, 진취적이어야, 생산적이어야, 효율적이어야 사랑받고 인정받을 수 있는 것이 당연하게 느껴지는가? 그렇다면 당신은 이미 가치의 조건화라는 덫에 걸려든 쥐와 다름없다. 덫 안에서 당장은 달콤한 먹이를 먹겠지만, 평생 덫을 벗어나지 못할 수 있다. 그러면 진짜 자신이 누구인지, 자신의 마음이 무엇을 원하는지도 모른 채 살게 된다. 결국 우울과 불안, 무기력과 초조함으로 우리의 마음은 계속 병들어갈 것이다.

솔직하게 말할 때 변화는 시작된다

‡

가치의 조건화를 벗어나 온전하게 자신으로 살아가기 위해서는 어떻게 해야 할까? 혼자 애쓰고 노력하기보다는 심리상담을 받길 추천한다. 마음을 병들게 하는 가치의 조건화가 생각보다 우리 삶과 마음에 너무 깊숙이 자리를 잡았다. 혼자서 자신의 상태를 점검하고, 새로운 방향으로 나아가기는 불가능에 가깝기에 전문가의 도움을 받는 것이 좋다. 다행히 요즘은 심리상담에 대한 오해와 편견이 전보다 줄었고, 심리상담센터를 찾는 사람들은 전보다 많아졌다.

심리상담을 통해서 가치의 조건화를 벗어날 수 있는 이유는 상담자와 내담자가 서로의 가치를 조건화시키지 않고, 있는 모습 그대로 진짜 관계를 맺을 수 있다는 것에 있다. 그렇게 관계를 맺다 보면 진짜 자신이 누구인지, 자신의 마음이 무엇을 원하는지 명확하게 알게 된다. 더 나아가 가족이나 친구 등 자신의 실제 삶에 존재하는 사람들과도 원하는 관계를 만들어 갈 수 있다. 때로는 적절한 거리를 유지하고, 때로는 찐하게 마음을 주고받을 수 있으니 삶의 질이 높아지는 것은 당연한 일이다.

생각만 해도 기분이 좋아지는 이런 삶을 살려면 먼저 상담자와 있는 모습 그대로, 솔직하게 관계를 맺어야 한다. 심리상담에서 상담자에게 솔직하지 않으면 제대로 된 도움을 받을 수 없다. 병원에 간 환자가 의사에게 증상을 솔직하게 말하지 않으면 정확한 진단과 치료를 받을 수 없고, 재판을 앞둔 의뢰인이 변호사에게 상황을 솔직하게 말하지 않으면 소송에 질 가능성이 높아지는 것과 마찬가지다.

심리상담에서 필요한 솔직성은 두 가지다. 하나는 내담자가 자신의 경험에 대해 솔직하게 말해야 한다. 경험이란 과거의 상처일 수도 있고 현재의 관계일 수도 있다. 만약 지수가 상담을 받으러 간다면 먼저 부모님과의 관계에서 받은 상처에 대해 솔직할 필요가 있다. 과거부터 현재까지 부모님과의 관계에서 어떤 일이 있었는지, 부모님이 자신을 어떻게 대했는지, 어떤 욕을 했고 어떻게 때렸는지, 그리고 이 과정에서 자신이 느낀 감정까지도 솔직하게 말해야 상담자는 지수를 이해할 수 있다.

놀랍게도 많은 사람들은 상담에 와서도 부모님 이야기를 속 시원하게 말하지 못한다. 자신이 부모님을 욕하고 때린 가해자가 아니라, 부모님에게 욕을 듣고 폭행을 당한 피해자임에도 말이다. 왜 그럴까? 어린 시절부터 들었던 가치의 조건 때문이다. 예를 들면 '밖에서는 집안 얘기를 하면 안 된다', '가족의 흉을 보는 것은 자기 얼굴에 먹칠을 하는 것이다', '부모 욕먹지 않게 말하고 행동하라'와 같은 조건이다. 이런 조건을 어기면 사랑받지 못할 것이라는 훈육을 받고 자랐기 때문에 상담에 와서도 부모님 이야기를 솔직하게 하지 못한다.

심리상담에서의 솔직성이라고 할 때 사람들은 이처럼 내담자가 상담실 밖에서 맺는 경험만을 염두에 둔다. 하지만 이보다 더 중요한 솔직성이 있다. 상담실에서 상담자와 맺는 경험에 대한 것이다. 즉 내담자는 상담자에게 느끼는 생각과 감정을 솔직하게 말해야 한다.

심리상담의 효과는 단지 내담자가 자신의 과거 혹은 개인적 경험을 이야기하고, 상담자의 위로나 공감 혹은 조언을 받는 것만으로 나타나지 않는다. 우리나라 사람들은 이것이 심리상담의 전부라고 생각해, 심리상담을 권유받으면 이렇게 반응한다.

"상담자에게 내 이야기를 털어놓는다고 내 문제가 해결되냐?"
"내 돈을 받고 해 주는 상담자의 위로나 공감이 과연 진심이냐?"
"상담자의 조언은 전혀 도움이 안 된다!"

물론 상담 초반에는 상담자가 내담자의 이야기에 귀를 기울일 수밖에 없다. 또한 내담자의 과거 이야기나 상담실 밖에서 경험한 것에 대해 묻고 대답하게 된다. 그리고 그 과정에서 위로와 공감, 조언이나 그 무엇이든 내담자가 원하는 것을 해 줄 수도 있다. 그래서 내담자는 자신의 개인적 경험을 솔직하게 상담자에게 이야기해야 한다. 그러나 이런 식의 상담은 굳이 전문가가 아니라 친한 친구나 선배, 혹은 종교인이나 인생의 멘토 같은 사람들도 해 줄 수 있다. 이것이 심리상담의 전부는 아니다. 심리상담의 백미는 마음의 전문가인 상담자와 내담자가 직접 맺는 관계에 있다. 관계에 대한 이야기만을 하는 것이 아니라 직접 관계를 맺으며 치유와 변화를 끌어낸다. 그러기 위해서 내담자는 상담자에게 자신이 느끼는 것을 솔직하게 말해야 한다.

지수가 상담을 받는다면 처음에는 자신의 과거 경험을, 또 최근 부모님과 갈등하다가 집을 뛰쳐나온 경험을 이야기할 것이다. 상담자는 지수의 이야기에 공감 반응을 하거나 아니면 더 자세히 알고 싶어서 질문을 던질 것이다. 이때 지수는 이렇게 느낄 수 있다.

> '상담자가 나에게 공감해 줬지만 정말 내가 얼마나 힘들었는지 알기는 할까? 그냥 직업상 하는 멘트 같아. 날 진심으로 이해하는 사람은 없어. 너무 슬프다.'
>
> '내가 이렇게 자세히 얘기했는데도 나한테 질문을 하는 걸 보니, 저 사람도 우리 부모님처럼 나를 이해하지 못하고 한심하게 보는 것 같네. 정말 화가 난다.'

지수가 이 마음을 상담자에게 솔직하게 말할 때 진짜 심리상담이 시작된다. 이것은 상담자가 지수를 이해하는데 가장 생생한 정보가 되기도 하며, 동시에 지수가 지금까지 해 보지 않았던 새로운 관계를 맺을 수 있는 시작점이 된다. 부모님에게 사랑받고 싶은 지수는 부모님이 제시하는 조건대로 살려고 노력했다. 당연히 자신의 마음을 솔직하게 드러낼 수가 없었고 이것은 비단 부모님에게만 국한된 일은 아니었다. 형제자매나 친구, 교사나 선배, 동료와 연인에게도 솔직하게 반응하지 않았다.

이런 면에서 상담자에게 솔직하게 자신의 마음을 드러내는 일은 새로운 관계 맺기의 시작인 셈이다. 지금까지 해 보지 않았던 것을 하다 보면 어색하고 이상하기도 하다. 주춤거리느라 시간만 끌고 솔직하게 표현하지 못할 수도 있고, 오히려 너무 과하게 표현을 해서 상대방을 당황시킬 수도 있다. 다른 관계에서 이런 시도를 하면 상대방과 사이가 멀어질 수 있다. 반면 상담자는 충분히 훈련받은 사람이기 때문에 내담자를 이해하고 기다려줄 수 있다.

그러나 너무나 많은 심리상담에서 이 두 번째 솔직성의 중요성이 간과되고 있다. 상담자들이 강조하지 않는 경우도 많고, 상담자가 강조하더라도 내담자는 대놓고 솔직하기를 어려워한다. 특히 지수처럼 누군가의 사랑을 받기 위해서 자신의 감정과 생각을 솔직하게 표현하지 않고 살았던 사람들은 더욱 그렇다.

있는 그대로 받아들여진다는 것

⁑

상담자가 무엇을 해 줄 수 있기에 내담자는 마음의 치유와 변화, 성장이 가능한 것일까? 로저스는 어떤 특정 기법보다는 상담자의 태도와 자세 세 가지를 치료요인으로 꼽았다. 그 세 가지란 무조건적 긍정적 존중unconditional positive regard, 공감적 이해empathic understanding, 솔직성genuineness이다.

앞서 언급했듯이 사람은 기본적으로 긍정적 존중, 즉 사랑에 대한 욕구가 있다. 그런데 사람들은 있는 모습 그대로 가치를 인정하고 사랑해 주는 것이 아니라 조건적으로 사랑해 준다. 결국 사랑을 받기 위해서 사람은 자신을 솔직하게 드러내기보다는 그 조건에 자신을 끼워 맞추려고 해서 마음의 병이 생긴다고 로저스는 말했다. 그래서 상담자는 어떤 조건도 제시하지 않고 내담자를 있는 모습 그대로 인정해 주고, 그 가치를 알아주는 것이 중요하다. 이런 상황에서 내담자는 사랑받지 못할까 전전긍긍하지 않고 자신을 솔직하게 드러낼 수 있게 된다.

이런 상황에서 내담자는 어떤 말과 행동, 생각과 감정을 드러낼까? 때로는 아주 공격적이거나 아주 노골적으로 성적인 모습을 드러낼 수 있다. 차마 입에 담지 못할 정도로, 상상만 해도 불안할 정도의 생각과 감정을 말과 행동으로 표현할 수 있다. 사실 사람들은 겉으로 표현되는 것보다 더 많은 것을 마음속에 품고 있다. 자신의 마음을 숨기고 살았던 이유도 어쩌면 솔직하게 표현했을 때 얼마나 끔찍한 결과가 초래될지 상상조차 하기 힘들었기 때문일 수도 있다.

만약 상담자가 애정과 사랑을 철회하지는 않더라도, 내담자의 솔직한 생각과 감정 표현에 대해서 잘잘못을 따지고 비난한다면 내담자는 더 이상 솔직해지기 어려울 것이다. 그래서 상담자는 내담자가 어떤 것을 표현하더라도 자신의 입장이 아니라 내담자의 입장에서 그 마음을 공감하고 이해해 주어야 한다. 이것을 공감적 이해라고 한다. 공감적 이해는 단순한 공감이 아니다. 단순한 공감은 함께 울어주고, 함께 웃어주는 감정의 공유다. 공감적 이해는 공감을 넘어서 상대방의 입장에 대해 "그렇게 생각하고 느낄 수 있겠다"고 이해하는 마음을 전달하는 것이다. 공감적 이해의 반대는 잘잘못이나 옳고 그름을 따지고 판단하고 비난하는 것이다. 이런 평가는 내담자의 솔직성을 위축되게 만들고, 마음의 병을 키운다.

지금까지 살면서 당신에게 위로가 되는 사람은 누구였는가? 당신을 신나게 했던 사람은 누구였는가? 확실한 것은 평가와 비난을 퍼부었던 사람은 아니라는 것이다. 어떤 말이나 행동을 하든 있는 그대로 인정해 주는 사람, 아니 완벽히 인정해 주진 못하더라도 인정하려고 애쓰는 사람에게 위로를 받았을 것이다. 사람은 누구나 공감받고 이해받고 싶어 한다.

"상담자는 내담자가 잘못된 선택을 해도 공감하면서 이해해 주고, 무조건 존중해 주라는 것이냐? 이것이 과연 치료적이

냐? 과연 내담자에게 도움이 되는 것이냐?"

무조건적 긍정적 존중과 공감적 이해라 하니 이렇게 항변하는 사람도 있다. 그러나 인간중심치료에서 상담자가 취해야 할 세 가지 태도와 자세 중 가장 중요한 것이 남았다. 바로 솔직성이다. 솔직성은 무조건적 긍정적 존중과 공감적 이해가 초래할 수 있는 오류를 수정해 준다. 지수가 상담에 와서 부모님에게 생각할수록 너무 화가 난다면서 "집에 찾아가서 불이라도 지르고 싶다"고 말했다고 하자. 이때 상담자는 내담자에 대한 애정과 관심을 철회하지 않고(무조건적 긍정적 존중), 판단하지 않으면서 그 입장을 이해하더라도(공감적 이해) 이렇게 말하는 지수의 모습을 보고 속이 상할 수 있고, 혹시나 행동으로 옮길까 걱정이 될 수도 있다. 그렇다면 이 마음을 솔직하게 표현해야 한다.

어떻게 표현해야 할까? "그렇게 행동하면 더 이상 상담을 진행할 수 없다"고 말하는 것은 조건적 존중이다. "그런 생각은 매우 잘못되었다"고 말하는 것은 판단과 지적이다. 로저스가 말하는 솔직성은, 무조건적 존중과 공감적 이해를 내포하면서도 한 인간으로서 느끼는 감정과 생각을 드러내는 것이다.

"지수 씨가 어떤 생각을 하든, 혹시 그 생각을 행동에 옮기든 지수 씨에 대한 제 애정과 관심은 변함이 없을 거예요. 지수 씨 입장에서는 충분히 그럴 수 있다고 생각하니까요. 하지만 지수 씨가 지금 그런 생각을 했다니 속상해요. 만약 그런 행동을 정말 하겠다고 말한다면 저는 말릴 거에요. 그 이후에 벌어질 일이 걱정되니까요."

상담자가 사랑과 애정을 미끼로 조건을 내세우면서 통제하려 하지 않고, 말과 행동에 대해 판단하거나 비난하지 않으면서도 한 인간으로 자신의 마음을 솔직하게 드러내는 것은 내담자에게 관계에서 충분히 안정감을 주면서도 동시에 자신을 있는 모습 그대로 존중해 주고 아껴준다는 것을 느끼게 해 준다. 그렇다면 내담자는 어떤 말과 행동을 하던 자신의 안위뿐 아니라 자신을 온전히 존중해 주는 사람과의 관계 속에서 정말 자신이 원하는 것을 알아차릴 수 있게 될 것이다. 이것은 치유와 변화, 성장의 시작이 된다.

진짜 변화를 원한다면

지수의 언니인 서정은 사춘기 때부터 부모님의 폭언과 폭행을 참지 않았다. 부모의 입장에서는 반항일지 모르지만, 서정의 입장에서는 자신의 마음을 솔직하게 드러내는 일이었다. 그 결과 부모도 서정을 조심스럽게 대했으며, 필요 이상의 기대를 하지 않았다. 성인이 되자마자 독립한 서정은 자신의 생계를 책임지면서 부모님을 많이 이해하게 되었고, 부모님과 심리적으로나 물리적으로 적절한 거리를 유지하면서 지낼 수 있었다. 반면 30년 이상을 솔직하지 않게 산 지수는 부모님과의 관계뿐 아니라 다른 모든 관계가 힘들고 어렵게 느껴질 정도로 마음의 병이 깊어졌다. 지수도 언니의 전철을 밟아 자신의 마음에 솔직했더라면 어땠을까? 물론 누구라도 무서운 부모님, 조건적 애정을 제시하는 부모님에게 솔직하게 표현하기는 어려운 일이다.

솔직하기 어려운 데에는 두 가지 이유가 있다. 하나는 자신의 마음에 대한 확신이 없기 때문이다. 아주 어렸을 때는 누구라도 자기표현에 거침이 없지만 시간이 지날수록 확신을 갖기가 어렵다. 부모님으로부터 조건적 애정을 받았고, 잘잘못에 대한 판단과 비난을 계속 들었으니 당연한 결과다.

다행히 심리상담에서 상담자와 관계를 맺다 보면 조금씩 자신이 원하는 것과 원하지 않는 것을 알아차릴 수 있게 되고, 자신의 마음에 확신이 생겨난다. 누가 가르쳐주지 않아도 자신의 마음에 확신을 갖게 되는 것은 인간이 살아 있는 유기체이기 때문이다. 로저스는 모든 생명체는 적절한 조건만 주어진다면 자신이 원하는 대로 성장한다고 말한다. 식물을 보라. 햇볕과 토양, 물만 있으면 잔소리 없이도 잘 자란다. 식물은 자신의 성장에 확신을 가지고 있는 것처럼 보인다. 상담자가 세 가지 자세와 태도로 내담자를 대하면, 내담자도 자신의 마음에 확신을 가지게 된다.

솔직하기 어려운 두 번째 이유는 상대를 신뢰할 수 없

기 때문이다. 자신이 솔직하게 반응했을 때, 상대방이 솔직하게 자신의 마음을 드러내지 않는다고 느끼면 더 이상 솔직하기 어렵다. 사실 많은 부모들은 자녀에게 온갖 조건을 제시하면서도 솔직하게 자신의 마음을 드러내지 않는다. 자녀 앞에서 감정이나 의중을 드러내지 않으려고 한다. 널 위한 것이라면서 자신의 말대로 하라고 강요만 한다. 이해도 되지 않고 납득도 되지 않는 상황에서 무조건 시키는 대로만 하라고 명령하고, 그 명령을 어기면 가차 없는 비난을 가하니 자녀 입장에서는 부모를 신뢰할 수가 없다.

반면 상담자는 솔직하게 자신의 마음을 말해준다. 어떤 감정을 느꼈는지, 어떤 생각을 했는지, 또 어떤 의미로 그런 말과 행동을 했는지 이야기해 준다. 이런 상담자의 솔직성은 내담자에게 신뢰를 줄뿐더러, 솔직성의 훌륭한 모델이 된다.

이렇게 상담에서 자신에 대한 확신과 상대방에 대한 신뢰를 회복하고 솔직성의 중요성을 깨달았다면, 그리고 상담자와의 관계에서 솔직성을 연습했다면, 그다음은 실제 관계로 들어가야 한다. 심리상담은 어디까지나 실제 관계에서 받은 상처를 치유하고, 실제 관계에서 부족했던 부분을 채우는 임시 관계일 뿐이다. 새롭게 배우고 익힌 것을 삶에 적용할 수 있어야 심리상담이 효과가 있다고 할 수 있다.

피하면 절대 변할 수 없다

‡

지수의 입장에서는 부모님을 가해자, 자신을 피해자라고 느낄 수 있다. 그래서 부모님과의 연을 끊고 아무 일도 없었다는 듯이 살고 싶을 것이다. 하지만 30년 이상을 함께 살고, 자신을 키워준 부모를 끊어내기는 쉽지 않다. 그동안 있었던 수많은 기억을 지우는 것도 쉽지 않다. 지수가 진짜 치유를 원한다면 부모님을 마주해야 한다. 그러기 위해서는 부모님을 단순한 가해자로 봐서는 안 된다. 부모님도 조부모님의 자녀였다. 부모님도 조부모님으로부터 조건적 애정을 받았고, 엄청난 비난을 듣고 살았을 것이다. 또 솔직하게 마음을 주고받는 경험은 못 했을 것이다. 이런 면에서 부모님 역시 피해자다.

어차피 모두 피해자이니 혼자 용서하고 관계를 끝내면 되지 않을까 싶다. 그런데 정말 모두가 피해자일 뿐일까? 아니다. 피해자인 동시에 가해자다. 부모님뿐 아니라 지수도 그렇다! 지수는 자신이 부모님으로부터 조건적 애정과 비난만 받았고 솔직한 마음을 들어 본 적이 없는 피해자라고 생각하겠지만, 따지고 보면 지수도 부모님을 똑같이 대했다. 부모라면 당연히 자녀를 사랑해야 하고, 아무리 화가 나도 자녀에게 폭언이나 폭행을 해서는 안 된다는 조건을 가지고 있었다. 이런 조건을 충족시키지 않으니 지수는 그들을 부모로서 인정하고 사랑할 수 없다고 생각해서 관계를 끊으려고 했다. 또 부모님의 말과 행동이 틀렸다고 판단했다. 물론 부모님을 이해하려고 애쓰고 살았지만, 엄밀히 말해 부모님과 솔직한 소통이 없기에 지수의 이해는 공감적 이해는 아니었다. 그래서 중요한 순간 부모의 말과 행동을 틀렸다고 판단했고 비난했다. 또 지수도 부모에게 솔직하게 마음을 전달한 적이 없었다. 지수가 이대로 누군가의 부모가 된다면, 지수 역시 이런 모습으로 자녀를 키울 것이고 자녀 역시 똑같은 상처를 갖게 될 것이다. 인정하고 싶지 않겠지만 지수는 그토록 싫어하던 부모의 모습과 닮아가고 있었다.

지수가 진짜 변화를 원한다면 자신의 삶으로 돌아가서 새로운 관계 경험을 시작해야 한다. 상담자가 자신에게 보여주었던 세 가지 자세와 태도를 부모님에게 보여주는 식으로 말이다. 물론 부모님이 드라마틱하게 변한다는 보장은 없다. 그러나 지수가 상담자로부터 배운 것을 계속 연습하는 것만으로도, 이미 지수는 자신의 상처를 딛고 일어선 것이다. 더 이상 부모님과의 관계를 가해자와 피해자의 프레임으로만 바라봐서는 안 된다. 인간 대 인간으로 마주하는 것만으로 치유는 시작된다.

로저스가 말하는 인간의 마음

‡

1. 솔직하지 못할 때 마음은 병든다

모든 생명체에게는 온전한 자기 자신으로 존재할 수 있는 능력이 있다고 로저스는 말한다. 식물과 다른 동물뿐 아니라 사람도 마찬가지다. 누구의 개입과 간섭 없이도 잘 살 수 있다는 뜻이다. 오히려 조건적 애정과 비난, 솔직하지 못한 주변 사람들의 태도처럼 부적절하고 불필요한 간섭과 개입이 마음의 병을 초래한다. 이런 환경에서 자신의 마음을 감추고 타인이 원하는 대로 살면 결국 우울이나 불안 같은 각종 심리적 어려움을 겪게 된다는 것이 로저스가 말하는 정신병리의 원인이다.

솔직하게 반응하지 않을 때 병드는 것은 개인의 문제만이 아니다. 대인관계에서도 그렇다. 불편한 마음을 자신에게 솔직히 말하지 않고, 다른 사람에게 가서 자신의 이야기를 했다는 것을 알게 되었을 때 우리는 분노한다. 배신감을 느낀다. 친구에게 사기를 당하거나, 배우자가 외도를 했을 때 마음의 상처가 깊은 이유도 모두 같다. 마음에 솔직하지 못하면 개인도 병들고, 대인관계도 무너진다.

2. 교정이 필요한 것은 마음이 아니라 표현이다

사람들이 관계에서 솔직하게 표현하지 못하는 이유는 솔직성이 상대방을 불쾌하게 만들거나 갈등을 유발할 수 있다는 생각 때문이다. 특히 집단주의 문화인 우리나라에서 마음을 드러내는 일은 당장의 문제를 일으킬 가능성이 크다. 그렇다고 무조건 참는 것도 능사는 아니다. 당장에는 아무 일 없이 지나가겠지만 나중에는 더 큰 문제를 초래할 수 있으니 말이다.

이 문제를 해결하기 위해 많은 사람들은 자신의 마음을 바꾸려고 한다. 좋게 생각하려고 하고, 무조건 상대의 행동을 이해하려고 한다. 경우에 따라서는 생각을 바꿀 필요도 있지만, 이런 시도가 마음 자체를 바꾸려는 것이라면 성공할 가능성은 적다. 우리의 마음도 몸과 같아서 자연스러운 변화가 아니라 인위적 변화에는 반드시 그 대가를 치르게 되어 있다. 가능하면 마음을 바꾸기보다는 표현을 상황에 맞게, 상대에 맞게 바꿀 필요가 있다.

이를 위해서는 사람들의 피드백을 통해 자신의 말과 행동, 표정과 어투가 어떻게 전달되는지를 확인하는 것이 필요하다. 또 어떤 표현이 갈등의 요소를 줄이면서 마음을 솔직하게 전달할 수 있는지 찾아보는 연습이 필요하다. 이런 과정을 가족이나 친구 등 가까운 사람의 도움을 받아서 할 수도 있다. 이런 도움을 제대로 받기 어렵다면 로저스가 주력했던 집단상담의 도움을 받는 것이 좋다.

3. 마음의 영역에는 옳고 그름이 없다

어린 시절부터 가치의 조건화 속에서 살아온 사람들은 심리상담에 와서도 여전히 내면의 조건과 규칙 때문에 자유롭게 자신을 드러내지 못한다. 마치 태어날 때부터 노예나 하인이었던 사람이 세상이 바뀌어서 신분제도가 철폐되었음에도 자신의 주인을 떠나지 못하는 것과 비슷하다. 그래서 상담자는 끊임없이 내담자에게 마음이 가보는 대로 해 보자고 제안한다. 하지만 이때 사람들은 자신의 마음이 틀린 것이면 어떻게 하냐면서 불안해한다.

그러나 로저스는 마음의 영역에는 옳고 그름이 없다고 말한다. 물론 자신의 마음이 누군가를 기분 나쁘게 할 수도 있고 갈등의 씨앗이 될 수는 있을지라도, 마음 자체가 틀린 건 아니라는 것이다. 솔직하게 마음을 드러냈는데, 그 결과가 좋지 않다고 느껴지면 그 경험을 통해 자신에게 더 좋은 선택을 할 수 있다. 이처럼 자신의 경험을 스스로 평가해서 더 나은 선택을 하는 현상을 가리켜 로저스는 유기체적 평가 과정 organismic valuing process이라고 불렀다. 살아 있는 생명체는 자신의 삶을 살기 위해서 경험을 스스로 평가한다는 것이다. 다시 말해 마음은 어떤 외부 기준에 의해서 옳고 그름을 따질 수 있는 것이 아니라, 자신의 경험이 스스로에게 좋았는지 싫었는지만을 따질 수 있다는 것이다. 자신의 경험을 판단할 수 있는 유일한 주체는 자기 자신뿐이다.

우리는 늘
바랄 수 없는 것을 바란다

Chapter 6.

앨버트 엘리스

Albert Ellis

합리적일 때 마음은 행복하다

‡

도서관에서 공부하고 있던 현석을 휴게실로 불러낸 사람은 같은 과 후배 선경이었다.

"선배, 요즘 선배를 안 좋게 보는 사람들이 있는 것 같아. 알고 있어?"
"무슨 말이야? 날 안 좋게 보다니?"
"선배가 카페에 자료 공유하고, 스터디 모임 운영하는 것에 대해서 말이 좀 있더라고."
"뭐라고? 정말이야?"

현석은 너무 화가 났다. 지금은 심리학과 4학년생이지

만 현석은 본래 대학에서 미술을 전공했다. 미대를 졸업하고 진로를 고민하다가 미술치료를 알게 되었다. 처음에는 미술치료사가 되려고 했다. 그러던 중 심리학을 제대로 공부하는 게 좋을 것 같다는 생각에 학사편입에 도전했다. 낙방의 고배를 두 번이나 마신 후 심리학도가 되는 데 성공했다. 32살에 심리학도가 된 현석은 많게는 10살 아래의 동생들과 경쟁해야 한다는 압박감을 느꼈지만 자신의 길을 찾은 것 같다는 생각에 기쁘게 공부했다. 평소 완벽주의 성향이 있는 현석은 수업 시간에 맨 앞자리에 앉아서 노트북으로 필기를 했다. 교수님의 말 한마디를 모두 받아 적었다. 그리고 자신이 공부한 모든 것을 자료로 만들었다. 누가 봐도 탐날 만한 수준의 자료였다.

성실하게 수업을 듣고, 팀 프로젝트마다 적극적으로 나서되 잘난 체하기보다는 자신보다 나이는 어리지만 먼저 심리학도가 된 동생들을 존중하면서, 궂은일을 마다하지 않는 현석을 싫어하는 사람은 없었다. 또 수업에 결석한 학생들이 현석에게 노트 자료 공유를 요청했을 때 현석은 경쟁보다는 협동을 선택하는 마음으로 자료를 나눠주었다. 현석에게 자료를 요청하는 사람들이 많아지자, 현석은 인터넷에 카페를 개설해서 모든 수업 자료와 자신이 대학원 진학을 준비하면서 만든 자료를 공유하기 시작했다. 현석은 편입한 지 한 학기 만에 심리학 전공자와 부전공자는 물론이고, 교양으로 심리학 수업을 듣는 학생들에게까지 알려져 학교 내 유명인사가 되었다. 사람들은 아낌없이 나눠주는 나무 같은 현석을 좋아하고 칭찬했다.

'자신의 것을 이렇게 나눠주다니 현석은 그릇이 크다.'
'자기만 좋은 성적을 받겠다는 것이 아니라 모두 함께 열심히 공부하자는 취지라고 하니 감동이다.'

카페가 개설되니 인터넷 검색을 통해 심리학에 관심이 있거나 정보와 자료를 원하던 사람들도 많이 가입했고, 대학원 준비를 위한 스터디나 강의 개설 요청도 적지 않게 들어왔다. 현석은 고민을 하다가 자신이 직접 모임을 꾸려보기로 했다. 강의가 아니라 함께 공부하는 모임 정도는 가능할 것 같았다. 그런데 신청자 중 상당수가 학교 외부의 사람들이어서 모임 장소를 대여하기 위해 참가비를 걷었다. 어떤 이유로든 돈을 걷는다고 해서 그런지 현석을 안 좋게 보는 사람들이 생기기 시작했다.

'자기도 학부생이면서 사람들에게 뭘 가르칠 수 있다고 돈을 걷어?'
'처음부터 돈 벌 목적으로 자기 자료를 공유한 거네. 어쩐지 혼자서 마음 넓은 척을 하더라니'
'나중에는 자료까지 돈 받고 팔겠네? 사업 수단이 대단하네!'

현석은 후배 선경으로부터 이런 이야기를 듣고 너무

속상하고 화가 났다. 자신은 그저 좋은 뜻으로 시작한 것인데, 사람들은 그 내막도 모르고 또 사실도 확인해 보지 않고 욕을 한다는 것이 참을 수 없었다.

"나 너무 화나고 속상해. 내가 이런 이야기를 들으려고 카페를 개설하고 자료를 공유한 게 아닌데. 지금 당장이라도 카페를 폐쇄해야겠어. 어떻게 사람들이 나한테 이러지? 필요한 것 얻을 때는 웃으면서 고맙다 하고, 뒤에서는 욕을 하다니!"
"선배, 다 그런 건 아니잖아. 여전히 선배를 지지하거나 선배가 하는 모임의 취지를 잘 알고 응원하는 사람들도 있어."
"그래, 물론 날 응원하는 사람도 있겠지. 그래도 날 욕하는 사람들이 있다는 거잖아! 어떻게 날 오해할 수 있지? 정말 참을 수 없어!"
"아니, 선배는 모든 사람들에게 인정받아야 해? 선배가 어떤 일을 하든지 항상 그 의도를 이해해 주어야 해? 그거 비합리적 신념이잖아!"

선경의 말을 듣고 현석은 정신이 번쩍 들었다. 스스로를 합리적이라고 생각했는데 어느 순간 자신도 모르게 비합리적 사고에 사로잡혀 있다는 것을 깨달았기 때문이다.

현실뿐 아니라 생각도 중요하다

합리적정서행동치료Rational Emotive Behavior Therapy; 이하 REBT의 창시자 알버트 엘리스는 사람들이 심리적으로 고통받는 이유를 비합리적 신념irrational belief에서 찾았다. 비합리적 신념이 어떤 식으로 심리적 고통을 만들어내는지 알기 위해서는 먼저 REBT의 기본 가정인 인지매개가설cognition mediation hypothesis을 이해해야 한다.

인지매개가설은 사람의 감정이나 행동을 결정하는 것이 어떤 사건이나 상황 자체가 아닌, 그것을 해석하는 방식이라고 가정한다. 즉 같은 상황과 사건을 겪더라도 인지, 생각, 신념, 관점에 따라 다르게 반응할 수 있다는 의미다. 실제로 똑같은 일을 겪어도 크게 좌절하고 낙심하는 사람이 있는 한편, 비교적 타격을 적게 받는 사람도 있고, 오히려 더 잘됐다면서 좋은 기회로 받아들이는 사람도 있다. 이런 차이가 나타나는 이유를 두고 어떤 이들은 성격이 좋거나 나쁘기 때문이라든지, 마음이 건강하거나 건강하지 못하기 때문이라는 등 모호하게 말한다. 그러나 엘리스는 사건을 해석하는 방식의 차이 때문이라고 말한다.

인지매개가설을 분명하게 확인할 수 있는 좋은 기회는 올림픽 시상식이다. 선수들이 시상대 위에 설 때 그 표정을 보면 자신이 이뤄낸 성취에 대해 어떻게 느끼는지 알 수 있다. 언뜻 생각하면 금메달을 딴 선수가 제일 행복해하고, 동메달을 딴 선수가 가장 적게 행복해하며, 은메달을 딴 선수는 중간 정도의 행복을 느낄 것 같다. 그런데 선수들의 표정을 보면 은메달을 딴 선수가 동메달을 딴 선수보다 표정이 좋지 않은 경우가 많다. 왜일까? 자신의 상황에 대한 해석 때문이다.

은메달을 딴 선수는 마지막 경기(결승전)에서 졌기 때문에 가장 높은 곳에 서지 못했다. 그가 금메달을 딴 선수를 바라보면서 자신을 패자라고 생각한다면 기분이 좋지 않을 수밖에 없다. 반면 동메달을 딴 선수는 마지막 경기(3, 4위전)에서 지면 빈손으로 돌아갈 수 있는 상황이었지만 끝내 이겼고 메달을 받을 수 있게 되었다. 스스로를 승자라고 생각하니 기분이 좋을 수밖에. 때로는 은메달을 딴 선수도 기분 좋게 시상식에 참여하는 경우가 있다. 분명 그들은 마지막 경기에서 졌지만 '그래도 지난 4년 동안 열심히 준비했고, 최선을 다했으니 후회는 없어!'라고 생각할 것이다. 이처럼 상황을 어떻게 해석하고 받아들이는지에 따라 감정과 행동이 달라진다.

인지매개가설의 또 다른 예는 우리가 잘 알고 있는 원효대사의 이야기다. 원효대사는 의상대사와 함께 신라 불교에서 빼놓을 수 없는 고승이다. 전해지는 설화에 따르면 두 사람은 당나라로 유학을 가기 위해서 함께 길을 떠났다고 한다. 그들은 중국으로 타고 갈 배를 기다리던 중 날이 어두워져서 쉴 곳을 찾았는데 마침 적당한 동굴을 발견하고 들어가서 잠을 잤다. 밤이 깊은 시각, 원효대사는 갈증을 느껴 잠에서 깼고 비몽사몽간에 머리맡에 있는 바가지에 담긴 물을 시원하게 들이켰다. 갈증을 해소해 주는 달고 시원한 물이라고 생각한 원효대사는 다시 잠이 들었다.

다음 날 아침 눈을 뜬 원효대사는 충격을 받았다. 그곳은 동굴이 아니라 허물어진 무덤이었고, 원효대사가 마신 물은 바가지에 담긴 깨끗한 물이 아니라, 해골에 담긴 썩은 물이었기 때문이다. 순간 구역질이 올라올 정도로 역겨웠다. 하지만 원효대사는 어젯밤과 오늘 아침 물에 대한 반응이 너무 다른 것에 주목했다. 결국 그는 일체유심조一切唯心造라는 깨달음을 얻고 당나라 유학을 접었다고 한다. 일체유심조는 모든 것은 마음이 만들어낸다, 혹은 마음먹기(생각)에 달려 있다는 뜻이다.

생각이 현실과 우리 마음을 매개하고 있다는 인지매개가설은 쉽게 이해된다. 그러나 정작 자신의 상황에 적용시키기는 쉽지 않다. 몇 년 동안 준비하던 시험에 낙방했을 때, 사랑하던 연인과 헤어졌을 때, 가족이 죽었을 때, 불의의 사고로 장애를 갖게 됐을 때, 사업에 실패해 빚더미에 올라앉게 됐을 때, 새로 산 신발로 개똥을 밟았을 때, 누군가 자신의 물건을 훔쳐 갔을 때 모든 것은 마음먹기 나름이라면서 의연하게 넘길 수 있을까? 불쾌하고 슬프고 화나는 감정을 행복하고 기쁘고 평안한 마음으로 바꿀 수 있을까? 불가능에 가깝다. 이는 인지매개가설을 너무 단편적으로만 이해한 것이다. 인지매개가설은 현실을 해석하는 방향이 중요하다는 것을 의미할 뿐이다. 여기에는 어떤 식으로 상황과 현실을 해석할지, 생각의 방향에 대한 이야기가 빠져 있다. 많은 이들은 그냥 막연하게 좋은 식으로 해석하면 되지 않겠냐고 하겠지만 그렇게 단순한 문제는 아니다.

불행은 비합리적 신념에서 온다

엘리스는 인지매개가설을 우리의 상황에 적용시키려면 먼저 할 것이 있다고 말한다. 자신이 상황과 현실을 어떤 식으로 해석하고 있는지 점검하는 것이다. 엘리스는 힘들고 어려운 일을 당한 사람들은 보통 비합리적으로 생각하는 경향이 있다고 하면서, 이를 비합리적 신념이라고 불렀다.

엘리스는 세 가지 측면에서 합리성을 따져볼 수 있다고 했다. 논리성, 현실성, 유용성이다. 어떤 생각이 세 가지 측면에 부합하면 합리적 신념이라 할 수 있고, 그렇지 않으면 비합리적 신념이라고 한다.

첫 번째는 논리성이다. 어떤 생각이 논리적이면 합리적, 비논리적이면 비합리적 신념이다. 논리란 추론의 과정에서 오류가 없는 것을 의미한다. 추론의 대표라 할 수 있는 삼단논법을 생각해 보자. A=B이고 B=C이면, A=C라고 결론을 내리는 것이 합리적이고, A≠C라고 결론을 내리는 것은 비합리적이다. 이런 식으로 현석의 생각이 합리적인지, 비합리적인지 따져볼 수 있다.

사람은 오해를 받을 수 있다

현석은 사람이다

현석도 오해를 받을 수 있다

이것이 논리적이고 합리적 사고다. 그런데 현석은 다음처럼 논리적 오류를 범하고 있다.

사람은 오해를 받을 수 있다

나는 사람이다

하지만 나는 오해를 받아서는 안 된다

('어떻게 날 오해할 수 있지?')

두 번째는 현실성이다. 그 생각이 논리적이라고 하더라도 현실적으로 실현 불가능하다면 비합리적 신념이다. 현석은 선경에게 "내가 이런 이야기를 들으려고 카페를 개설한 게 아니잖아", "그래, 물론 날 응원하는 사람도 있겠지. 그래도 날 욕하는 사람들이 있다는 거잖아!"라고 말했다. 현석은 모두가 자신을 욕하고 오해한다고 화가 난 것이 아니었다. 자신을 응원하고 이해하는 사람들이 있다는 사실을 알지만, 자신의 의도를 오해하고 욕하는 사람들이 존재한다는 사실에 화가 났다. 결국 현석은 '모든 사람으로부터 이해받고 싶다'는 생각을 갖고 있는 것이다.

이것이 현실적으로 가능할까? 불가능하다. 심지어 제

일 가까운 관계라고 할 수 있는 부부나 연인, 친구, 가족도 서로를 오해하기 쉽다. 하물며 학교에서 만난 사람들 혹은 인터넷에서 검색을 통해 자신을 알게 된 사람들 모두가 현석의 의도를 제대로 파악하고 이해할 수 있겠는가? 이것은 현실적으로 불가능하기에 비합리적이라 할 수 있다.

세 번째는 유용성이다. 추론에 오류가 없어 논리적이고 현실적으로 가능하다 하더라도 스스로에게 도움이 되지 않으면 비합리적 신념이다. 현석은 "너무 화나고 속상해", "지금 당장이라도 카페를 폐쇄해야겠어"라면서 속상해했다. 자신은 오해를 받아서는 안 되는 사람이고, 모든 사람이 자신을 이해해 주어야 한다는 생각은 현석에게 어떤 식으로든 도움이 되지 않는다. 만약 카페를 폐쇄한다면 현석을 좋게 생각했던 사람들까지도 등을 돌릴 가능성이 있으며, 이로 인해 현석은 '정말 다른 의도가 있었던 것이 아니냐'며 사람들로부터 더 큰 오해를 받을 수도 있기 때문이다.

엘리스는 논리의 오류가 없고, 현실적으로 가능하며, 자신에게 도움이 되는 생각이면 합리적 신념이고 그렇지 않으면 비합리적 신념이라고 말했다. 하지만 자신의 생각이 합리적인지, 비합리적인지를 따져보기 위해서 논리성, 현실성, 유용성이라는 다소 딱딱하고 어려운 기준을 기억하기는 어렵다. 그래서 아주 간단하게 비합리적 신념인지 아닌지 가릴 수 있는 표현 기준이 있다. 당위(해야 한다)와 극단(모두, 항상)의 표현이 있으면 비합리적 신념이라고 할 수 있다. 당위와 극단은 논리적이지도 않고, 현실적이지도 않으며, 유용하지도 않다. 선경은 현석에게 이렇게 말했다.

"선배는 모든 사람들에게 인정받아야 해? 선배가 어떤 일을 하든지 항상 그 의도를 이해해 줘야 해?"

선경은 현석에게 '나는 인정받아야 한다', '사람들은 나를 이해해 줘야 한다'는 당위적인 생각과 '모든', '항상'이라는 극단의 생각이 있음을 지적하면서 비합리적 신념이라고 했다. 놀랍게도 우리의 언어와 생각 중에는 당위와 극단으로 표현되는 것들이 상당하다. 지금부터 자신이나 타인의 언어 중 이런 표현이 얼마나 있는지 유심히 살펴보면 적지 않게 충격을 받을 것이다.

엘리스는 많은 사람들을 만나 심리치료를 진행하면서, 심리적으로 어려움을 호소하는 사람들이 가지고 있는 대표적인 비합리적 신념 13가지를 다음과 같이 정리했다.

1. 나는 일을 잘해서 중요한 모든 사람들의 인정을 받아야 한다. 그렇지 않으면 무가치한 사람이 될 것이다
2. 다른 사람들은 나를 친절하고 공정하게 대해야 한다. 그렇지 않다면 그들은 나쁜 사람이다
3. 나는 편안하고 즐겁게 살아야 한다. 그렇지 않으면 인생을 전혀 즐길 수 없다

4. 나에게 중요한 모든 사람들은 나를 사랑하고 인정해 줘야 한다. 그렇지 않으면 끔찍할 것이다
5. 나는 많은 일을 해내야 한다. 그렇지 않으면 무가치할 것이다
6. 어느 누구도 나쁘게 행동해서는 안 된다. 그런 사람이 있다면 마땅히 비난받아야 한다
7. 내가 원하는 일을 할 때는 좌절하면 안 된다. 그렇게 된다면 끔찍할 것이다
8. 일이 힘들거나 일에 대해 압박을 받으면 비참해질 것이며 내가 할 수 있는 일은 아무것도 없을 것이다
9. 무섭거나 위험한 일이 일어날 가능성이 있다면 그것에 집중하고 피하기 위한 모든 노력을 기울여야 한다
10. 살면서 어려운 일을 마주하거나 책임지는 일을 회피하면서도 풍성한 삶을 살 수 있다
11. 과거는 인생에서 가장 중요한 부분이며 내 감정과 행동에 계속 영향을 미친다
12. 모든 사람도, 모든 일도 현재보다는 나아져야 한다. 그렇지 않다면 끔찍할 것이다
13. 할 수 있는 한 일을 적게 하고 기분 좋은 일만 하고 살면서도 행복해질 수 있다

변화의 과정, A-B-C-D-E

‡

엘리스는 어떤 사건이 감정과 행동에 영향을 미치는 과정을 살펴보면 사건에 대한 해석과 생각이 매개하고 있다고 말한다. 특히 마음이 어렵고 힘들다면 그 이면에 비합리적 신념이 있는지 확인해 보라고 조언한다. 이때 비합리적 신념이 있음을 확인했다면 어떻게 해야 할까? 엘리스는 비합리적 신념을 합리적 신념으로 바꾸면 된다고 한다.

엘리스는 내담자들과 상담을 진행하면서 그들의 비합리적 신념을 정확히 짚어 냈다. 물론 사람들은 자신의 생각이 비합리적이라는 사실을 인정하려 하지 않았다. 특히 스스로를 합리적 인간이라고 생각하는 현대인들은 더욱 그럴 것이다. 엘리스는 논리성, 현실성, 유용성 측면에서 내담자들이 비합리적으로 자신의 환경과 사건을 해석하고 있음을 지적했다. 그리고 비합리적 신념을 합리적 신념으로 바꾸기 위해서 논박dispute을 사용했다. 논박은 아주 적극적이고 때로는 공격적이어서 상대의 감정이 상할 수도 있다.

만약 선경이 현석의 생각을 비합리적 신념이라고 지적했을 때, 현석이 부인한다면 선경은 적극적으로 하나씩 따져볼 수 있을 것이다. 당연히 현석의 기분은 상할 수 있다. 그러나 논박의 이유가 선경의 우월감이 아니라 현석 본인을 위한 것이고, 또 논박을 통해 현석 자체를 바꾸려는 것이 아니라 현석의 생각을 바꾸는 것임이 전달된다면 현석도 이 과정에 적극 참여할 것이다.

적극적인 논박이 심리상담에서 이루어지는 것이라면 모를까, 만약 현석과 선경처럼 선후배나 동료, 친구나 가족 사이에서 하게 될 경우 주의해야 한다. 왜냐하면 비합리적 신념이 변하기는커녕 상대의 기분만 상하게 되어 관계가 틀어질 수 있기 때문이다.

어린 시절부터 적극적으로 자신의 생각을 주장하면서, 상대방과 논쟁하기를 즐겨하는 서구 문화에서 자란 사람들은 논박 후에도 관계에 문제가 생기지 않는다. 하지만 우리나라 사람들은 어린 시절부터 자신의 생각을 드러내기보다는 숨겨야 하고, 상대방의 기분을 상하게 만들지 말아야 한다는 문화 속에서 살았다. 따라서 심리상담 장면이 아니라면 논박은 조심해야 한다.

이런 면에서 타인이 아니라 자신의 비합리적 생각에 대해 스스로 논박하는 것이 제일 좋다. 실제로 REBT는 지속적으로 전문가의 도움을 받아야 하는 치료법이 아니다. 몇 번의 상담을 통해 내담자가 그 원리를 이해하고, 스스로 자신의 생각을 합리적으로 바꿔가도록 하는 자가치유법이다.

논박을 통해서 비합리적 신념이 합리적 신념으로 바뀌었다면 어떻게 될까? 비합리적 신념으로 발생했던 심리적 문제가 상당 부분 사라지고 보다 나은 심리상태를 가지게 될 것이다. 엘리스는 비합리적 신념을 가진 사람은 비합리적 감정을, 합리적 신념을 가진 사람은 합리적 감정을 경험하게 된다고 했다.

앞서 언급했듯이 비합리적 신념의 대표적 표현은 당위(해야 한다)와 극단(모두, 항상)이다. 이런 생각을 가지고 있으면 현석처럼 처음에는 화가 나고 나중에는 우울해지기 쉽다. 그 이유는 당위라는 양날의 검 때문이다. 사람들은 '해야 한다'는 표현을 선호하는 경향이 있다. 이런 표현은 자신이나 타인에게 상당한 압박감을 주어 더 집중하고 전력을 다하게 만든다. 그 결과로 돌아오는 것이 성공이라면 좋겠지만, 문제는 결과적으로 실패했을 경우다. 당연히 해야 하는 것을 못 해냈다면 돌아오는 것은 비난이다. 자신에 대한 당위는 자신에 대한 비난으로, 타인에 대한 당위는 타인에 대한 비난으로 발전한다. 그리고 이는 결국 우울이라는 비합리적 감정으로 귀결된다.

비합리적 신념을 합리적 신념으로 바꾼다면 당위와 극단의 표현은 어떻게 바꿀 수 있을까? 당위를 소망(하고 싶다)으로 대체하면 된다. '난 오해를 받아서는 안 된다'는 현석의 비합리적 신념에 이를 적용하면 '난 오해를 받고 싶지 않아'로 바꿀 수 있다. 그리고 극단의 표현은 유연한 표현으로 대체하면 된다. '모든 사람으로부터 이해받고 싶다'를 '모든 사람으로부터 이해받을 수는 없지'로 바꿀 수 있다. 어떤가? 훨씬 더 논리적이고, 현실적이며, 유용하다.

물론 현석이 비합리적 신념 대신 합리적 신념을 가진다고 해서 누군가의 오해를 받는 상황에서 좋은 기분을 느끼지는 않는다. 당연히 안 좋은 기분을 느낀다. 그러나 그 감정은 우울depression보다는 슬픔sad에 가까울 것이다. 우울은 시간이 흘러도 회복되기 어렵지만, 슬픔은 시간이 흐르면 자연스럽게 사라진다. 우울의 이면에는 자신이나 타인에 대한 비난이 있고, 비난은 잘잘못에 대한 인지적 판단을 포함한다. 그래서 판단이 바뀌지 않는 이상 시간이 흘러도 벗어나기 어렵다. 반면 슬픔은 인지적 판단을 포함하지 않는 순수한 감정이기에 시간이 지나면 회복된다.

아이를 키워 본 사람이라면 순수한 감정이 시간에 따라 회복된다는 사실을 알 것이다. 어린아이들은 열이 나거나 몸이 아프면 당장이라도 죽을 것처럼 괴로워한다. 울고불고 떼를 쓴다. 주사를 맞거나 약을 먹어서 열이 내리고 몸이 좀 괜찮아지면 놀랍게도 언제 그랬냐는 듯 재미있게 논다. 자신이 중병에 걸린 것인지 아닌지, 앞으로 다시 아플지 아닐지에 대한 판단이 없기 때문이다. 반면 어른들은 어떤가? 지금 당장 몸이 좀 회복되었더라도 큰 병에 걸린 것은 아닌지, 혹시 잠시만 괜찮아졌을 뿐 다시 아프게 되는 것은 아닌지 걱정하며 괴로워하고 힘들어한다. 심지어 병이 완치된 후에도 재발할까봐 온갖 인상을 쓰면서 침대에 누워 앓곤 한다.

비합리적 신념을 합리적 신념으로 바꾸면 실패와 고통의 상황에서 느끼는 감정도 우울에서 슬픔으로 바뀌게 된다. 그리고 슬픔은 시간이 흐르면 자연스럽게 사라져 일상을 정상적으로 살 수 있다. 지금까지 언급한 인지매개가설과 비합리적 신념, 논박을 통한 변화의 과정을 엘리스는 A부터 E까지 알파벳 5개로 요약했다. 현석의 예를 알파벳 5개로 정리하면 다음과 같다.

A 선행 사건(activating event) : 카페를 만든 후 일부 사람들에게 오해를 받음
B 신념(belief) : 비합리적 신념("난 모두에게 오해를 받으면 안 돼!")
C 결과(consequence) : 우울, 카페를 폐쇄 → 지지하는 사람들이 사라지고 더 큰 오해를 받음
D 논박(dispute) : 합리적 신념("오해를 받고 싶지 않아", "모두에게 이해받을 수는 없지")
E 효과(effect) : 슬픔, 카페를 유지 → 지지하는 사람들로부터 고맙다는 인사를 받음

앞서 언급했듯이 REBT의 목표는 내담자가 자가치유자가 되도록 돕는 것이다. 스스로 자신의 생각을 점검해서 비합리적 신념을 합리적 신념으로 바꾸도록 말이다. 전문가에게 공감과 위로를 받아야만 자신의 심리적 상처가 해결된다고 생각한다면 REBT는 실망스러울 수 있다. 하지만 그 실망을 충분히 감수해도 좋을 정도로 REBT의 원리는 분명하고, 그 효과는 수많은 연구를 통해 반복적으로 검증되었다.

실제로 REBT로 상담을 진행하는 상담자들은 내담자에게 첫 회기부터 인지매개가설과 비합리적 신념, 논박, 합리

적 신념에 대해 설명해 준다. 그리고 내담자가 호소하는 심리적 어려움에 적용해 본다. 상담이 끝나더라도 내담자가 스스로 적용할 수 있도록 말이다. 어쩌면 당신은 지금 REBT 상담을 받은 것이나 마찬가지다. REBT를 자신의 삶에 적용해 보다 나은 삶을 살고 싶다면 알파벳 5개만 기억하라.

생각을 바꾸기 힘들다면

‡

비합리적 생각을 합리적으로 바꾸면 심리적 고통에서 상당히 벗어날 수 있다는 것을 알게 된 엘리스는 자신의 이론을 합리적치료Rational Therapy라고 불렀다. 얼마 후에는 정서를 추가해 합리적정서치료Rational Emotive Therapy; RET로 바꿨다. 생각의 변화는 결국 감정emotive의 변화를 수반하기 때문이다. 엘리스는 대략 30년 정도 자신의 치료를 RET라고 하다가 인생 말년에는 행동behavior을 추가해서 합리적정서행동치료Rational Emotive Behavior Therapy; REBT로 최종 변경했다. 생각의 변화는 감정의 변화뿐 아니라 행동의 변화도 초래하는데, 단지 이런 이유 때문만은 아니었다.

엘리스가 자신의 이론에 행동을 포함시키게 된 보다 결정적인 이유는 무엇일까? 엘리스는 꽤 오랜 시간 논박을 통해 비합리적 신념을 합리적 신념으로 바꾸어 감정과 행동의 변화를 초래하는 방법을 사용했다. 그러나 어떤 사람들에게는 논박을 통한 생각의 변화가 불가능해 보였다. 논리성, 현실성, 유용성이라는 개념 자체가 생소할 수 있기도 하거니와 평생을 당위와 극단의 표현을 듣거나 말하며 살아온 사람들이 갑자기 생각을 바꾸기는 쉽지 않았다.

그러던 중 엘리스는 심리학의 다양한 연구 결과들과 자신의 경험이나 내담자들과의 상담 경험을 통해, 기존의 방법과는 전혀 다른 새로운 방법을 효과성을 확인했고 자신의 이론에 포함시켰다. 즉 생각을 바꿔서 감정과 행동을 변화시키는 것이 아니라, 먼저 행동을 바꿔서 생각과 감정을 변화시키는 방법이다. 인간의 생각과 감정과 행동은 아주 긴밀하게 영향을 주고받는 관계라 가능하다.

사회심리학 분야에는 인지부조화이론cognitive dissonance theory이 있다. 사람은 기본적으로 생각과 행동의 일치를 추구하는데, 때로 생각과 다른 행동을 하게 될 때가 있다. 예를 들어 별로 좋아하지도 않는 일을 어쩔 수 없이 하는 경우, 싫어하는 사람과 함께 살게 됐을 경우 우리는 스트레스를 받을 정도로 불편감을 느낀다. 그런데 행동은 이미 엎질러진 물처럼 되돌릴 수 없지만, 생각은 얼마든지 바꿀 수 있다. 그래서 '막상 해 보니 나름 재미있고 의미 있는 일이었어', '같이 살아보니 이상한 사람은 아니었어'라는 식으로 생각을 바꿔 버린다는 것이 인지부조화이론이다. 물론 의식적으로 생각을 바꾼다기보다는 자연스럽게 마음이 변한다.

실제로 한 심리학 실험에서는 참가자들을 모아서 단

순 반복 과제를 시켰다. 너무 지루하고 따분한 일이어서 실험에 참가한 사람들은 불쾌하고 짜증나는 감정을 숨길 수 없었다. 그들이 과제를 마치고 실험실을 떠나려고 할 때, 연구진이 다가와 한 가지 부탁을 했다. 연구보조원이 갑자기 결석을 했는데, 그를 대신해서 도움을 줄 수 있겠냐고 부탁했다. 연구보조원의 역할은 대기실에서 기다리는 참가자들에게 실험에 대한 안내를 하는 것이었다. 멘트에는 '이 실험에서 여러분이 실시할 과제는 아주 즐겁고 재미있는 것이니 기대해도 좋다'라는 말이 포함되어 있었다. 참가자들은 고민에 잠겼다. 정말 재미없고 지루하고 따분하다고 생각했는데, 다른 사람들에게 거짓말을 하라니! 연구진은 도와준다면 소정의 수고비를 주겠다고 했다. 제안을 받아들인 사람들은 시키는 대로 대기실에 가서 거짓말을 했다. 태도와 행동의 불일치가 발생한 것이다.

모든 절차를 마치고 소정의 수고비를 받은 후 실험실을 완전히 떠나려고 했을 때, 연구진은 마지막이라면서 참가자에게 실험이 얼마나 재미있었는지, 다음에 다시 참가할 의향이 있는지를 물었다. 참가자들의 답변은 어땠을까? 지루한 과제를 했고, 거짓말까지 했으니 정말 별로였다고 답했을까? 아니다. 놀랍게도 사람들은 실험이 상당히 재미있었고, 다음에도 참가할 의향이 있다고 대답했다. 태도와 행동의 불일치를 견디지 못하고, 그새 태도를 바꿔 버린 것이다.

행동을 바꾸면 그에 걸맞은 생각을 하게 된다는 것은 엘리스 개인의 경험과도 맞닿아 있다. 엘리스는 청소년 시절 다른 사람에게 말 걸기를 어려워했다. 특히 여자에게 말을 걸어야 할 상황이 오면 극도의 공포와 불안에 휩싸일 정도였다. 하지만 그는 에너지가 넘쳤고, 스스로 합리적이라고 생각하는 사람이어서 자신의 이런 모습을 견딜 수 없었다. 너무 변하고 싶었던 엘리스는 심리학 서적을 읽다가 한 가지 아이디어를 생각했다. 한 달 동안 뉴욕의 브롱스 공원에서 지나가는 여자들에게 데이트 신청을 해 보기로 한 것이다. 뉴욕의 브롱스 공원은 헌팅에 적합한 장소는 아니었다. 엘리스가 여자들에게 다가가 데이트를 제안한다고 해도 성공 가능성이 제로에 가까울뿐더러, 자칫하다가는 이상한 사람으로 오해받을 가능성도 높은 곳이다. 엘리스는 오히려 이런 점 때문에 시도할 가치가 있다고 생각했다. 자신이 끔찍하게 싫어하는 거절을 반복적으로 당해 보자는 심산이었다.

엘리스는 대략 130명의 여성에게 접근했고, 그중 30명 정도는 엘리스가 다가오는 것을 보자마자 도망갔다. 나머지 100명의 여성들과는 다양한 주제로 길고 짧게 대화를 시도하면서 데이트 신청을 했다. 얼굴도 잘 쳐다보지 못하고 말을 더듬거리는 청년의 데이트 신청을 받아줄 여자가 과연 있었을까? 있었다! 딱 한 명. 나머지는 모두 엘리스의 부탁을 거절했다. 그 한 명은 어떻게 됐을까? 데이트하기로 한 그날, 약속장소에 그녀는 나타나지 않았다고 한다! 데이트만을 놓고 보자면 엘리스는 완전히 실패했지만, 그가 진짜 원하는 목표는 이뤄냈다. 여자들에게 반복적으로 거절을 당했지만 자신에게는 아무런 일도 일어나지 않았고, 거절에 대한 두려움과 공포를 극복할 수 있었다. 이 사건 이후 엘리스는 전혀 다른 사람이 되었다.

생각을 바꿔서 행동으로 옮기는 것이 아니라, 일단 행동을 해 보면 그에 걸맞은 생각과 감정을 가지게 된다. 사실 따지고 보면 사람은 어떤 생각과 판단을 한 다음에 행동을 하기보다는, 먼저 행동을 하고 그다음에 그에 걸맞은 생각과 판단을 하는 경우가 많다. 한국이 좋아서 한국에 태어난 것이 아니라, 한국에 태어났으니 한국이 좋은 나라라고 생각하는 것이 아니겠는가! 또 사람들은 자신이 사랑하는 사람과 결혼해야 한다고 생각하는데, 인류 역사에서 자유연애로 결혼을 했던 시기는 오래되지 않았다. 비교적 최근 일이라고 할 수 있다. 이전까지의 결혼은 가문과 가문의 결합인 경우가 많았다. 그렇다고 해서 이들의 결혼생활이 모두 불행했을까? 그렇지 않다. 이런 면에서, 생각을 바꾸기 어렵다면 행동을 먼저 시도해 보는 것도 좋다. 생각과 감정, 행동은 모두 별개가 아니라 서로 얽혀 있으면서 긴밀하게 영향을 주고받기 때문에, 그중 무엇이 먼저 변하더라도 상관이 없다.

엘리스가 말하는 인간의 마음

‡

1. 마음은 현실을 해석한다

사람들은 현실의 성공과 실패가 행복과 불행을 결정짓는다고 생각한다. 그래서 성공을 위해 애쓰고, 실패를 막으려고 최선을 다한다. 그러나 타인이 부러워할 만큼 성공했음에도 불행과 우울을 호소하는 사람들이 많고, 이와 반대로 큰 시련과 어려움을 겪었지만 평정심을 유지하며 잘 사는 사람들도 많다. 어떻게 이런 일이 가능할까?

엘리스는 그 비밀이 마음에 있다고 말한다. 현실을 바라보고 해석하는 마음이 중요하다는 것이다. 제아무리 성공한 사람이라도 더 높은 기준을 가지면 불행할 것이고, 힘든 일을 겪더라도 그 상황에서 감사를 찾으면 행복을 느낀다. 물론 그렇다고 현실을 외면하고 마음만 챙겨서는 안 된다. 현실의 변화를 위해서도 분명 애쓰고 노력할 필요가 있다. 이런 면에서 현실과 마음의 적절한 균형이 필요하다. 현실의 성공을 추구하면서도 건강한 마음도 가질 수 있도록 노력해야 한다.

2. 합리적일 때 마음은 행복하다

엘리스 이론의 핵심은 합리성이다. 그가 말하는 합리성이란 모호하지 않고 구체적이다. 즉 다른 사람도 이해할 수 있을 정도로 논리적이어야 하며, 실제로 적용 가능할 수 있도록 현실적이어야 하고, 동시에 자신과 타인을 비롯해 모두에게 도움이 될 정도로 유용해야 한다. 이 세 가지 중 어느 하나라도 충족시키지 못하면 비합리적이다.

합리적인 마음을 가진다고 늘 기쁘고 즐거울 수는 없다. 삶의 실패를 겪으면 당연히 부정적 감정에 휩싸일 수밖에 없다. 이때 합리적 마음을 가지면 시간이 지남에 따라 그 감정에서 벗어나 자신의 일상을 제대로 살아갈 수가 있다. 하지만 비합리적 마음을 가지면 자신이나 타인을 비난하게 되고, 이런 판단이 계속되는 한 부정적 감정에서 벗어나기가 어렵다. 그러면 자기 자신뿐 아니라 주변 사람들과의 관계까지 어려워진다. 마음은 현실을 해석하는데, 비합리적 마음을 갖게 되면 어떤 상황에서도 비합리적으로 판단하게 되고 이는 다시 마음을 어렵게 하는 악순환에 빠져들게 하기 때문이다.

실패와 고통의 상황에서 잘잘못을 따지는 인지적 판단에 매몰되지 않아야 건강하게 슬퍼하고 힘들어할 수 있다. 그리고 시간이 지나면 감정의 구름이 걷히고, 우리 삶에 새롭게 다가오는 사건과 상황을 합리적으로 바라볼 수 있게 되어 행복해질 수 있다.

3. 마음과 행동은 연결되어 있다

혹독한 위기 상황을 이겨내고 위인이 된 사람들은 그 비결을 마음에서 찾는다. 고통 속에서 감사를 회복했다거나, 절망에서도 희망을 봤다면서 우리에게도 이런 방법을 권한다. 문제는 마음을 바꾸는 일이 생각보다 쉽지 않다는 것이다. 그래서 마음을 바꾸려다가 실패한 이들은 자신을 또 자책한다. 아이러니하게도 위인의 행복 비결을 듣고 불행해지는 꼴이다.

엘리스는 마음을 바꾸지 못하겠다면 행동부터 바꾸라고 말한다. 어떤 이들은 '마음이 동해야 움직이죠!'라고 항변할지 모르지만, 엘리스를 비롯한 많은 심리학자들은 자신들의 경험과 연구, 사례를 통해 '움직이면 마음이 동한다'고 주장한다. 이것이 가능한 이유는 마음과 행동은 연결되어 있기 때문이다. 그래서 하나가 변하면 분명히 다른 하나도 영향을 받게 된다. '두렵고 불안해서 행동할 수가 없다'는 말도 맞지만 '행동하지 않아서 두렵고 불안하다'는 말도 맞다.

그렇다면 어떻게 행동으로 옮길 수 있을까? 처음부터 확실하고 대단한 행동을 하려고 하면 부담이 된다. 이보다는 작은 행동부터 시작해 보자. 브롱스 공원에서 지나가는 여성에게 말을 걸고 거절을 당해서 그 두려움을 극복해 보고 싶다면, 처음부터 한 번에 성공하려고 하지 말자. 일단 시작할 건 브롱스 공원을 방문하는 것이다. 계속 그 작은 행동을 하다 보면, 그 행동에 걸맞은 마음이 생기게 될 것이고 이는 그다음 행동으로 이어질 가능성을 높여줄 것이다.

불안과 우울을 없앤다고
행복해지지 않는다

Chapter 7.

마틴 셀리그만

Martin Seligman

아무리 애써도 채워지지 않는 부족함

‡

계선은 대학에서 경영학을 전공하고 중소기업에 취직한 지 5년 차 되는 직장인이다. 그는 대학 입학과 동시에 취준생의 마음으로 살았다. 고등학생 때 아버지가 실직한 이후로 집안의 경제 사정이 나빠져서 힘들게 지냈던 경험이 컸다. 그래서 계선은 남들보다 빨리 준비하면 아무래도 취직이 빨리 될 거라는 생각에 아주 바쁘게 학업과 취직 준비를 하면서 지냈다. 한시라도 허비하고 싶지 않아 계선은 입대 날짜도 기말고사 바로 다음 주로 잡았다. 입대해서도 시간이 날 때마다 취직과 관련된 정보 수집에 열을 올렸다. 마침 군에서는 병사들이 전역 후 사회에 잘 적응할 수 있도록 가능한 범위에서 지원을 해 주는 분위기였다. 계선은 취직을 위해 꼭 필요하다는 자격증 몇 개를 취득했다. 제대하고 복학하기 전까지는 취직에 도움이 될 만한 봉사활동에 열을 올렸다.

대학 4학년이 되자 계선은 본격적으로 입사원서를 쓰기 시작했다. 하지만 쉽지 않았다. 취직에 실패할 때마다 실패의 원인을 찾아 보완하려고 애썼다. 자기소개서 때문인가 싶으면 몇 번이고 읽으면서 이상한 점을 계속 고쳤다. 면접에서 뭔가 부족했나 싶으면 혼자라도 면접 연습을 하면서 촬영하고 확인했다. 그리고 안 좋게 보이는 부분을 발견해서 제대로 할 때까지 연습을 쉬지 않았다. 인터넷 활용은 기본이었다. 취업 준비의 기록을 담은 블로그나 영상을 계속 찾아보면서 자신의 상황과 비교해 보았다. 그러다가 자신의 부족한 점을 발견하면 열심히 보완했다. 이렇게 2년 동안 취업을 준비한 끝에 결국 한 중소기업에 취직할 수 있었다.

취직하면 좀 여유 있게 살 줄 알았는데 아니었다. 회사에 들어가니 업무에 대한 지식이 부족하다는 생각에 누가 시키지도 않았지만 야근을 자청했다. 회사에 남아 정보도 찾아보고, 업무를 넘겨받을 때 전 담당자가 넘겨준 각종 파일을 찾아보면서 부족한 부분을 보충했다. 그렇게 몇 년을 보내니 이제 어느 정도 업무에 있어서는 자신이 생겼다. 그런데 어느 날 회사 팀장님께 이런 이야기를 들었다.

> "계선 씨, 일은 너무 잘하고 있어요. 그런데 회사생활이라는 것이 일만 잘해서는 되는 게 아니에요. 인간관계도 중요해요.

계선 씨가 이 업계를 떠난다면 모를까, 계속 남아 있으려면 평판이 중요하죠. 제가 여러 경로를 통해서 계선 씨 이야기를 듣게 됐는데, 썩 좋은 이야기들은 아니더군요."

계선은 충격을 받았다. 회사는 일만 잘하면 되는 줄 알았는데, 그게 아니었다니! 계선은 원래 공부보다는 친구들과 노는 것을 더 좋아하는 아이였다. 미래에 대한 걱정과 불안 없이 '어떻게든 되겠지'라는 생각으로 살았다. 그러나 고등학생 때 집이 어려워진 것을 계기로 180도 달라졌다. 친구들은 뒷전이었고 공부와 취직에 매달렸다. 이런 생활을 오래 해서 그런지 인간관계가 어렵게 느껴졌다. 그래도 직장이니 일만 잘하면 된다고 생각했는데, 팀장님의 피드백은 청천벽력처럼 느껴졌다.

그때부터 계선은 취직 준비할 때처럼 자신의 문제점을 찾기 시작했다. 우선 유튜브에 들어가서 '인간관계 잘하는 방법'으로 검색해 보니 정말 많은 영상 자료가 있었다. 시간 날 때마다 꼼꼼히 봤다. 영상을 보니 자신의 문제점이 보이기 시작했다. 말끝 흐리기, 시선 접촉 피하기, 대충 말하기, 대소사 무시하기, 업무 관련 대화만 하기 등 대인관계 못하는 사람들의 모든 특징이 곧 자신의 이야기처럼 느껴졌다. 계선은 문제점을 알게 돼 그나마 다행이라 생각하면서 하나씩 고치기 시작했다.

그러나 어느 정도 부족한 점을 고쳤을 때 의구심이 들

었다. 유튜브 영상 자료는 누구라도 쉽게 만들어 올릴 수 있어서 그런지 신뢰하기 어렵다는 생각 때문이었다. 제대로 된 정보를 참고하자 싶어 대형 서점으로 발길을 옮겼다. 곧바로 자기계발 코너에 가서 책 제목을 훑어보았다. 직장에서의 처세술부터 시작해 대인관계 성공 비결까지 자신의 부족함을 채워줄 것 같은 책들이 가득했다. 저자 약력을 보니 믿을 만한 사람들이었고, 책 내용을 훑어보니 아주 구체적인 방법까지 제시되어 있어서 계선은 이제 완벽해질 것 같은 착각마저 들었다. 그래서 퇴근 후에는 언제나 서점에 가서 책을 고르고, 주말마다 공부하면서 자신의 부족함을 보완하려고 했다.

처음에는 모든 것이 순조롭게 보였다. 자신의 단점이 없어지고 약점이 옅어지는 것 같았다. 하지만 그뿐이었다. 어느 순간 돌아서면 다시 예전 습관이 그대로 나왔다. 의지가 부족하다면서 자책하고 다시 도전했다. 하지만 효과가 나타나야 할 때가 되었는데도 달라지는 것은 거의 없었다. 아무리 채우고 채워도 마치 밑 빠진 독에 물 붓기처럼 부족한 부분은 계속 발견됐다. 어떤 문제는 해결되기도 했지만, 이내 또 다른 문제가 나타났다. 분명 취업 준비나 업무를 익히는 과정에서는 잘 먹혔던 전략이 대인관계나 마음에는 아무런 효과도 없는 것 같았다.

시간이 지날수록 계선은 점점 더 초조해졌다. 아무리 노력하고 애써도 크게 달라지는 것이 없다고 느끼면서 계선은 스스로를 비난했다. 자신은 본래 대인관계를 잘 못하는 사람은 아닌지 의심마저 들었다. 모든 것이 자기 때문이라는 생각을 하면서 이제는 회사 동료나 상사는 물론 후배들까지 자신을 무시하고 따돌리는 것 같은 느낌을 받기 시작했다. 이 때문에 평소 잘하던 일에서도 실수가 잦아졌다. 급기야 팀장님에게 일 처리 방식에 대해서도 부정적 피드백을 받자 계선은 스스로를 '뭘 해도 안 되는 놈'이라고 판단했으며, 또 앞으로도 달라질 게 없을 것 같다는 생각에 우울해졌다. 이렇게 회사생활을 하다가 결국 해고당하지 않을까 하는 생각에 사로잡혀 불안해지기 시작했다.

숨이 붙어 있는 한, 만족은 없다

많은 사람들이 계선처럼 자신의 단점과 약점을 극복하려고 애쓴다. 부족한 부분이나 실수, 그리고 잘못한 일이 있으면 스스로를 비난하면서 문제의 원인을 찾는다. 그리고 두 번 다시 반복하지 않기 위해서 애쓰고 노력한다. 그런데 애쓰고 노력한다고 바꿀 수 있는 것은 별로 없다. 타고난 유전과 어린 시절의 환경을 통해서 만들어진 성격이나 삶의 방식이 단기간의 결심과 시도만으로 바뀐다면 얼마나 좋을까? 게다가 우리의 삶은 물론이고 성격이나 대인관계 패턴도 우리가 통제할 수 없는 외부 요인의 영향을 많이 받는다. 이 때문에 아무리 노력하고 애써도 성과가 잘 나타나기 어렵고, 설사 나타나더라도 효과는 미비하다.

그럼에도 불굴의 도전 정신을 가지고 노력과 결심, 도전해서 자신의 단점 하나를 보완했다고 하자. 그렇다면 만족할까? 아니다. 또 다른 단점이 보일 것이다. 그래서 다시 애써서 두 번째 단점도 보완했다고 하자. 그러면 만족할까? 아니다. 또 다른 단점이 보일 것이다. 단점은 정말 끊임없이 나타난다.

그럼에도 사람들은 왜 자신의 부족한 점에 초점을 맞추어 극복하려고 할까? 어린 시절부터 부모님과 학교 선생님을 비롯해 다양한 사람들로부터 들었던 메시지 때문이다. 열심히 공부하면 성적이 오르고, 나쁜 습관을 바꾸면 좋은 사람이 되고, 사람들에게 친절히 대하면 인정받을 수 있다는 이야기를 귀에 못이 박히게 듣고 살았다. 마치 물건이 고장 나거나 망가졌을 때 원인을 찾아서 필요한 수리를 해 주면 정상 작동하듯이, 우리의 마음도 그럴 거라고 생각했던 것이다.

이것은 비단 개인의 삶에만 국한되는 이야기가 아니다. 회사에서도 프로젝트가 끝나면 평가 보고서를 만들어야 한다. 무엇이 잘못되었고 무엇을 잘했는지 평가한다. 잘못된 부분을 정확히 알고 보완해서 같은 잘못을 두 번 다시 저지르지 않으려고 한다. 정치도 그렇다. 야당은 여당과 정부 정책의 잘못된 점을 지적한다. 수정을 요구한다. 선거에서는 입후보자들이 전임자들의 잘못을 지적하면서 자신은 다르게 해 보겠다고 말한다. 학계도 그렇다. 대학원의 학위 논문이나 학술지에 싣는 논문도 언제나 마지막에는 연구의 한계를 언급한다. 이처럼 부족한 부분을 확인하고 개선하면 더 나아질 것이라는 논리는 우리 사회에서 당연시되고 있다.

이 논리는 학문에도 그대로 적용되었다. 물론 심리학도 그렇다. 인간의 마음과 행동을 연구하는 심리학자들은 주로 인간에게 나타나는 부정적인 것에 초점을 맞추었다. 사회심리학 분야에서는 동조와 복종(사람들이 얼마나 쉽게 자신의 의견을 버리고 남의 잘못된 의견을 따르는지 연구), 편견과 차별(누가 편견의 대상이 되고, 편견과 차별이 왜 생기는지 연구)을 비롯해 사람들이 쉽게 범하는 각종 인지적 오류를 밝혀냈다. 심지어 이타주의라는 긍정적 주제에 대해서도 '어떤 사람이 남을 돕는지'보다는 '어떨 때 사람들이 남을 돕지 않으려고 하는지'에 초점을 맞추고 있다. 인간의 감정을 다루는 정서심리학도 긍정 정서(행복, 기쁨)에 대한 연구는 거의 없고, 타인에 대한 부정적 정서(분노, 경멸, 혐오)나 자신에 대한 부정적 정서(수치, 당황, 죄책감)에 대한 연구가 주를 이룬다.

인간의 건강한 성격을 연구하기보다는 성격장애를 비롯한 각종 정신병리에 대한 연구가 주를 이루고, 심리치료를 통해서 우울과 불안을 감소시키려 하거나 스트레스 상황에서 사용 가능한 대처기술에 대한 연구가 아주 당연한 것이 되었다. 또 각종 사건과 사고를 통해 심리적 외상을 겪은 사람들이 나타나는 외상후 스트레스 장애PTSD, post-traumatic stress disorder 증상들에 대한 연구도 활발하게 이루어졌다.

그렇다면 왜 심리학은 그동안 인간의 부정적인 측면에만 초점을 맞추었을까? 그 이유는 여러 가지다. 일단 실용적 목적을 외면할 수가 없다. 제아무리 훌륭한 연구더라도 우리의 삶과 동떨어져 있다면 무슨 소용이겠는가? 이런 면에서 심리학을 비롯한 모든 학문은 당장 적용할 수 있거나, 시급한 문제를 해결하는 연구에 자금이 몰린다. 예를 들자면 건강한 삶을 위한 연구보다 당장의 질병과 고통을 제거하는 연구에 사람들은 더 큰 관심을 기울인다.

또 인간은 본래 생존을 위해서 긍정 정보보다는 부정 정보에 주의를 기울이는 경향이 있다. 자신에게 긍정적이고 좋은 것이 많이 있더라도, 부정적이고 힘들게 하는 것이 한두 개 정도만 있어도 부정적인 것에 관심을 가지고 그것을 제거하고 싶어 한다.

이런 맥락에서 심리학도 그동안 인간의 부정적인 측면에 대해 관심을 기울이고, 어떻게든지 그런 부분들을 줄이려고 많은 시도를 했던 것이다. 그러나 결과는 성공적이지 못했다. 인간의 부정적인 측면을 이해하고 극복하면 자연스럽게 긍정적인 부분이 따라올 것이라고 생각했지만 현실은 달랐다. 우선 인간의 부정적인 면을 완벽하게 제거한다는 건 거의 불가능에 가깝고, 부정적인 면을 제거해도 행복해지지 않는다는 사실을 깨달았다.

그런데 지난 시간 동안 심리학자들이 발견한 더 놀라운 사실은 마음의 상처가 될 만한 사건을 경험했음에도 심각한 정신병리를 겪지 않는 사람들이 상당수 존재하고 있으며, 심지어 어떤 사람들은 이러한 경험을 통하여 오히려 심리적으로 성장하는 경우가 왕왕 있다는 것이다. 가장 대표적인 경우가 외상후 성장PTG, post-traumatic growth이다. 외상 사건을 통해 우울과 불안에 휩싸이지 않는 것은 물론 오히려 외상 사건 이후로 더 행복감을 느끼고 자신의 삶을 충실하게 사는 사람들이 존재한다.

지금까지의 심리학이 너무 부정적인 면에만 초점을 맞추었다는 사실을 지적하면서, 이제는 인간의 긍정적인 면에도 관심을 가져야 한다는 주장이 2000년 1월 제기되었다. 이 주장을 제기한 대표적인 사람은 바로 펜실베이니아대학교의 심리학자 셀리그만이었다. 그는 미국심리학회에서 발간하는 저널에서, 이제는 심리학의 방향을 부정의 지양이 아닌 긍정의 지향으로 바꿔보자며 사람들이 행복을 느끼면서 자신의 능력을 최대한 발휘할 수 있도록 조건과 과정을 연구하는 긍정심리학을 주창했다. 셀리그만의 주장은 곧 전 세계 심리학자들의 공감과 동의를 끌어냈다. 그리고 많은 심리학자들이 긍정을 주제로 연구하기 시작했다. 이후로 긍정심리학이라는 새로운 흐름이 심리학계를 휩쓸었고 이전까지는 거의 연구가 되지 않았던 인간의 긍정성을 주제로 한 연구가 많아졌다. 구체적으로는 강점과 미덕, 감사와 용서, 낙관주의, 경외심, 영감, 희망, 호기심, 웃음, 행복, 도덕성, 명상, 글쓰기, 웰빙 등이다.

그렇다면 100년이 넘는 심리학의 역사에서 인간의 긍

정성에 관심을 두었던 심리학자는 아무도 없었을까? 그렇지는 않다. 미국의 초창기 심리학자 윌리엄 제임스William James는 1902년 자신의 글에서 '건강한 마음'에 대해 언급했으며, 로저스와 함께 인간주의 학파로 분류되는 매슬로우Abraham Maslow도 '심리학자는 병든 사람들 대신 건강한 사람을 연구해야 한다'고 주장했다. 또한 질병보다는 건강에 초점을 맞추는 건강심리학이라는 분야도 인간의 긍정에 초점을 맞추고 있었다. 그러나 이전의 주장들이 산발적이었다면 긍정심리학은 아주 집중적으로 인간의 긍정적 측면을 연구해야 한다는 하나의 운동이나 흐름이라고 할 수 있다.

행복에는 이유가 없다

인간 심리의 부정적 측면이 아니라 긍정적 측면에 관심을 갖는 긍정심리학의 대표적 연구 주제 중 하나는 낙관주의optimism다. 낙관주의 연구로 유명한 사람이 바로 셀리그만이다. 셀리그만은 동일한 좌절과 실패, 역경을 겪었음에도 사람들의 반응이 다르다는 점에 주목했다. 누군가는 좌절감과 무기력감을 느껴서 다시 도전하려고 하지 않지만, 누군가는 좌절감과 무기력감을 딛고 일어서서 다시 도전하려고 한다. 셀리그만은 전자를 비관주의pessimism, 후자를 낙관주의라고 이름 붙이고 이 둘의 차이가 무엇 때문인지 연구하기 시작했다.

사람들은 언뜻 생각하기에 비관주의자는 인생에서 실패를 많이 겪었을 것이고, 낙관주의자는 성공 경험이 많을 것이라고 생각한다. 하지만 셀리그만은 연구를 통해 비관주의자나 낙관주의자의 경험이 크게 다르지 않다는 결론에 도달했다. 비관주의자의 성공 경험과 실패 경험, 그리고 낙관주의자의 성공 경험과 실패 경험은 비슷했다는 것이다. 그렇다면 무엇이 달랐을까? 비관주의와 낙관주의의 차이점은 자신의 경험을 어떻게 해석하느냐에 있었다.

셀리그만에 따르면 사람들은 자신의 경험에 대해서 크게 세 가지 측면, 즉 개인화와 보편성, 영속성 차원에서 해석한다. 첫째, 개인화란 자신에게 벌어진 일의 원인을 찾을 때 자기 자신 때문인지, 아니면 자신과 무관한 다른 이유 때문인지 판단하는 것이다. 둘째, 보편성이란 자신의 경험이 다른 영역에서도 비슷하게 나타날지 아니면 다른 영역에서는 다를 수 있는지 평가하는 것이다. 셋째, 영속성이란 자신의 경험이 시간의 측면에서 앞으로도 지속될지 아니면 앞으로는 다를 수 있는지 예측하는 것이다.

계선은 팀장님으로부터 대인관계에 대한 부정적 피드백을 받은 후, 좀 더 나아지기 위해서 나름 열심히 노력하고 애썼다. 영상 자료도 찾아보고 자기계발서를 찾아보기도 하면서 자신의 문제를 해결하려고 했다. 그러나 대인관계 기술을 짧은 시간 안에 습득할 수는 없다. 또 영상이나 책을 통해서 배우기도 어렵다. 계선은 그때까지 그래 왔듯이 자신의 노력을 믿고 도전했지만, 나아지는 건 거의 없었다. 다시 말해 실패를 경험한 것이다. 이때 계선은 자신의 실패 원인을 스스로에게서 찾았다. 스스로를 비난하면서 아무리 해도 안 되는 사람으로 낙인찍었다(개인화). 이런 상태가 계속되자 계선은 대인관계뿐만 아니라 그동안 잘해왔던 일에서도 자신감을 잃었다(보편성). 그런 상태가 시간이 지나도 호전되지 않을 것이라는 생각을 했다(영속성). 셀리그만에 따르면 계선은 전형적인 비관주의자인 것이다.

어떤 사람들은 비관주의와 낙관주의가 타고난 기질 때문이라고 한다. 셀리그만도 기질의 영향을 인정한다. 실제로 긍정심리학의 연구 결과에 따르면 타고나는 기질은 인간의 행복과 불행에 대략 50%의 영향을 미친다. 이제 갓 태어난 어린 아기들만 봐도 유전과 기질의 영향을 알 수 있다. 어떤 아기들은 작은 자극에도 예민하게 반응하며 불편감과 불쾌함을 강하게 표현한다. 반면 또 다른 아기들은 웬만해서는 주변 자극의 영향을 받지 않고 편안함을 느낀다. 이런 기질은 양육 과정에서 어느 정도 조절되기는 하지만, 성인이 된 후에도 분명히 우리의 감정에 영향을 미친다.

그렇다면 나머지 50%는 무엇일까? 많은 사람들은 자신이 행복해지려면 어떤 조건이 충족되어야 한다고 생각한다. 돈이 많다거나 사랑하는 사람을 만나야 한다거나 좋은 학벌을 가지면 행복해질 거라고 생각한다. 연예인과 정치인은 인기를 얻으면, 수험생은 시험에 합격하면 행복해질 거라 생각한다.

코로나19 같은 감염병이 유행하거나 미세먼지가 많을 때면 마스크를 벗고 좋은 공기를 마실 수 있게 되면 행복해질 거라 확인한다. 과연 그럴까? 긍정심리학자들의 연구 결과에 따르면 이런 조건이 행복과 불행에 미치는 영향은 불과 10%밖에 안 된다고 한다!

다시 말해 행복하기 위한 조건을 다 채워도 우리가 느낄 수 있는 행복의 10%만 채워진다는 것이다. 그 이유는 무엇일까? 인간의 뛰어난 적응력 때문이다. 돈 많은 것이 행복의 조건이라면 세상의 모든 부자는 행복을 느껴야겠지만 그렇지 않다. 가난했던 사람이 돈을 많이 벌면, 처음에는 행복감을 느끼지만 이내 돈이 많은 상황에 적응을 해버려서 행복감을 느끼지 않는다. 사랑하는 사람을 만나면 그 순간에는 행복하겠지만, 계속 만나거나 결혼을 하면 행복감은 사라진다. 아니 오히려 행복감은커녕 상대방 때문에 불행하다고 난리다. 그래서 이혼을 행복의 조건으로 삼게 된다. 설사 이혼을 한다고 행복감을 계속 느낄까? 아니다. 인간은 아무리 좋은 조건을 누리더라도 그 상황에 쉽게 적응해버려서 별 감흥을 못 느낀다.

행복의 50%가 타고나는 기질, 10%가 조건이라면 나머지 40%는 무엇일까? 긍정심리학자들은 40%가 바로 삶에 대한 긍정적 자세와 태도라고 말한다. 긍정심리학자들이 주로 연구하는 감사, 용서 같은 것들이다. 당연히 낙관주의도 포함된다. 긍정심리학자들은 훈련을 통해 삶을 긍정의 지향으로 바꿀 수 있는데, 이것이 행복에 큰 영향을 미친다고 말한다.

계선이 행복해지려면, 직장에서의 대인관계 개선을 위해 노력했지만 좋은 결과가 나타나지 않아 실패라고 받아들인 상황에 대해 다르게 해석해야 한다. 즉 스스로를 비난하기보다는 최선을 다했지만 모든 것이 자기 뜻대로 되지 않고, 어쩔 수 없었다는 것을 인정해야 한다(개인화). 또 직장에서의 대인관계는 잘하지 못하더라도 일은 잘한다는 것을 기억해야 한다. 대인관계를 잘 못한다고 일까지 자신감을 잃을 필요는 없다(보편성). 마지막으로, 지금은 잘 안되지만 시간이 지나면 조금씩 달라질 수도 있을 거라고 생각해야 한다(영속성). 이렇게 다른 방법으로 자신의 실패 경험을 해석하면 낙관주의자가 될 수 있다. 즉 비관주의와 낙관주의는 반복되는 훈련과 연습으로 변할 수 있다는 것이다.

셀리그만은 낙관주의도 이런 식으로 학습이 가능하다는 의미로 학습된 낙관주의learned optimism라고 표현한다. 스스로 낙관주의를 훈련하려면 먼저 자신의 언어습관인 혼잣말을 살펴볼 필요가 있다. 정말 많은 사람들이 자신이 겪은 실패와 고난에 대해 '모든 것은 내 탓이야', '난 늘 이럴걸', '다른 일도 마찬가지일 거야'라고 되뇐다. 셀리그만은 자신이 이런 비관적 언어습관을 가지고 있다면, 의도적으로라도 '최선을 다했지만 어쩔 수 없었어', '앞으로는 달라질 수도 있어', '다른 일은 다를 수 있어'라고 되뇌라고 조언한다.

잘못된 긍정, 괜찮은 부정

⁂

셀리그만은 낙관주의를 통해 행복해질 수 있다고 강조하지만, 상당수의 사람들은 낙관적 혹은 낙천적이라는 표현을 불편해한다. 누군가가 "저 사람은 참 낙관적이야!"라는 말을 한다면, 보통은 '저 사람은 비현실적이야!'라거나 '저 사람은 대책 없는 사람이야!'라는 식으로 받아들인다. 즉 낙관적 혹은 낙천적이라는 말을 현실을 모르고 아무런 근거도 없이 무조건 좋게 생각하거나, 세상의 어두운 부분을 외면하고 좋은 부분만을 본다는 의미로 사용하는 셈이다.

실제로 심리학에도 비현실적 낙관주의unrealistic optimism라는 표현이 있다. 현실적 근거 없이 자신은 무조건 잘 될 것이고, 위험한 일을 당하지 않을 것이라는 신념이다. 즉 질병, 사고, 이혼, 원하지 않은 임신, 자연재해처럼 사건과 사고, 나쁜 일은 자신에게 일어나지 않는다고 생각하면서 무모한 일에 도전한다. 또 이와는 반대로 복권이나 도박처럼 운이 따라야 하는 일은 자신에게 일어날 것이라고 생각하는 경향을 의미한다. 일종의 착각이라고 할 수 있다.

"내가 안 해서 그렇지 시도만 하면 잘할 수 있다고!"

이렇게 말하는 사람들은 과거의 성공 경험에 근거해서, 자신은 앞으로도 잘 될 것이라고 생각한다. 역시 낙관주의를 잘못 이해한 사람들이다. 이들은 지금 당장 해야 할 일을 뒤로 미루면서 마치 성공한 사람처럼 행세한다. 이들은 심적으로 이미 성공한 상태이기 때문에 굳이 애쓰고 노력할 필요가 없다고 느끼면서, 자신이 감당해야 할 몫을 회피하며 주변 사람들을 힘들게 한다.

그러나 이런 낙관주의는 셀리그만이 말하고자 하는 낙관주의와 차원이 다르다. 진짜 낙관주의는 아주 현실적인 낙관주의다. 지금은 실패했지만 앞으로는 무조건 잘 되고 성공할 거라고 착각하는 것이 아니라, 지금은 실패했지만 앞으로는 다를 수 있다고 생각한다. 이번 일은 실패했지만, 다른 일은 다를 수 있다고 여기는 것이다. 자신에게는 늘 행운이 따른다고 생각하는 것이 아니라, 할 수 있는 한 최선을 다했다면 비난하지 않겠다고 다짐하는 것이다. 또 셀리그만의 낙관주의는 자신이 해야 할 일을 회피하는 수단이 아니다. 비록 과거에 실패했더라도 두려운 마음을 이겨내고 다시 도전하도록 하는 것이다. 만약 과거에 성공 경험이 있다고 하더라도, 과거의 영화에 안주하지 않고 새로운 일에 도전하게끔 하는 것이 진짜 낙관주의다.

셀리그만은 실패 상황에서 스스로를 탓하지 말고 어쩔 수 없는 상황을 탓하라고 말한다. 하지만 이를 두고 책임을 회피하라는 것이냐고 반문하면서 낙관주의를 거부하는 사람들이 있다. 셀리그만의 낙관주의가 이렇게 오해받는 이유는 문화의 차이 때문이다. 서양과 달리 동양 사람들은 문화적 특성상 자신을 낮추고, 문제의 원인을 자신에게로 돌리는 것을 미덕이자 예의라고 생각한다. 환경이나 타인을 탓하는 것을 비겁하고 무책임한 행동으로 받아들인다.

물론 실패를 겪게 되었을 때 누구나 자신의 잘못을 돌아볼 필요는 있다. 그리고 부족한 부분이 있다면 수정하고 고쳐야 한다. 그러나 셀리그만이 말하는 자기 탓은 겸손이나 반성의 차원을 넘어 모든 실패의 원인을 스스로에게서 찾으려 하면서 끝없는 자책의 굴레로 들어가는 것이다. 본인 스스로를 실패의 이유, 문제의 원흉으로 본다면 새로운 상황에 도전하기가 어렵다. 어떤 상황이든 본인이 사라지지 않는 한 성공할 리가 없기 때문이다.

어쨌든 낙관주의는 이처럼 오해를 받을 수 있다. 다시 한번 말하지만 셀리그만이 말하는 학습된 낙관주의는 주어진 일에 최선을 다했지만 실패했을 때, 자신을 비난하지 않고 앞으로 닥칠 새로운 상황에 용기를 내고 도전하도록 하는 긍정의 자세다. 결국 제대로 된 낙관주의라면 삶에서 긍정의 결과를 초래해야 한다.

낙관주의도 이렇게 오해를 받아 부정의 결과를 초래할 수 있다면, 이와는 반대로 비관주의도 다르게 사용하면 긍정의 결과를 초래할 수 있지 않을까? 그렇다. 자신의 삶에 전반적으로 행복을 느끼고 만족하면서 사는 사람 중에는 때론 비관적인 입장을 가지는 사람들도 있다. 이들은 방어적 비관주의defensive pessimism를 사용한다. 방어적 비관주의란 새로운 일을 도전하기 전에 벌어질 수 있는 최악의 상황을 생각해 보는 것이다. 만약 최악의 상황을 떠올렸을 때도 괜찮을 것 같다면, 새로운 도전 앞에서 위축되지 않을 수 있다. 보통 담력이 큰 사람들은 어떤 중요한 일을 앞두고 이렇게 말하곤 한다.

"설마 죽기야 하겠어? 까짓것 죽게 되면 죽는 거지 뭐."

죽음이라는 최악의 상황이 괜찮다거나 견딜 만하다면 그 외의 다른 것은 무섭거나 거리낄 것이 없다는 태도다. 많은 사람들은 실패를 두려워한다. 그러나 정작 그들이 두려워하는 실패는 아주 큰 것이 아닌 경우가 많고, 이런 사람들은 그동안 살아오면서 실패를 경험한 적도 별로 없다. 오히려 인생에서 쓴맛 단맛 다 본 사람들, 즉 수많은 실패를 경험한 사람들은 정작 실패를 두려워하지 않는다. 최악의 상황을 경험해 보았기 때문이다. 이런 방어적 비관주의는 오히려 새로운 도전 앞에서 용기를 북돋아 주며 우리에게 긍정적으로 작용한다.

긍정심리학은 분명 심리학의 새로운 흐름이고, 상당수의 심리학자들에게 지지를 받는다. 그러나 긍정심리학에 대한 반대도 존재한다. 그 이유는 긍정심리학이 기존의 심리학을 부정 심리학negative psychology으로 호도하고 있으며, 현실에 존재하는 문제와 질병, 고통에 대해 무관심하게 만든다는 데에 있다. 하지만 진정한 긍정심리학은 기존의 관점을 무시하는 것이 아니라, 그 역할과 가치를 충분히 인정한다. 단지 그동안 외면해 왔던 인간의 긍정성에'도' 관심을 기울여서 균형을 이루자고 하는 것이다. 결코 인간의 긍정성에'만' 관심을 기울이자는 것이 아니다. 인간에게는 부정성과 함께 긍정성도 존재하기 때문이다. 이렇게 양면을 고르게 인정하고 연구해야 사람을, 나아가 삶을 제대로 이해할 수 있다고 주장한다.

이런 면에서 중요한 것은 어쩌면 낙관주의와 비관주의 자체가 아닐지도 모른다. 그것이 무엇이든 우리의 삶에 도움이 되는 방식으로 사용한다면 긍정심리학이라고 할 수 있다. 말로만 낙관주의를 운운하면서 자신의 삶을 외면하고 피폐하게 만드는 것은 진짜 긍정심리학이 아니며, 겉으로는 비관주의자처럼 행세하지만 그것을 통하여 용기를 내고 도전하는 것은 진짜 긍정심리학인 셈이다.

강요된 긍정은 긍정이 아니다

누군가가 힘들고 어려운 이야기를 털어놓을 때 사람들은 종종 이렇게 말한다.

"낙관적으로 생각해! 위기는 기회라잖아!"

"괜찮아. 다 잘되려고 그런 거야. 힘내!"

이런 이야기를 듣는 사람은 어떨까? 위로가 되기는커

녕 화가 날 수 있다. 자신의 처지를 잘 알지도 못하면서 무조건 잘된다고 하면 힘이 나는 것이 아니라, 더 이상 자신의 이야기를 듣고 싶지 않아서 대충 마무리하려는 것처럼 느껴지기 때문이다. 또한 현실적 근거나 이유 없이 무조건 잘될 거라는 말은 마치 자신을 조롱하는 것처럼 들리기도 한다.

긍정심리학의 연구 결과가 우리 삶에 적용되려면 먼저 주의할 것이 있다. 긍정심리학의 여러 연구 결과는 긍정에 주목한 사람들이 어떻게 행복해지느냐에 대한 기술description이 대부분이지, 어떻게 해야 행복해질 수 있는지에 대한 처방prescription은 아니라는 것이다. 다시 말해 계선처럼 실패 상황에서 비관적으로 생각하면 우울과 불안이 지속적으로 느껴지는 반면, 낙관적으로 생각하면 우울과 불안에서 빨리 벗어나 자신의 삶을 행복하게 살 수 있다는 것이다.

만약 비관적으로 생각하는 계선에게 낙관적으로 생각하는 방법을 알려주면서 그대로 시행해 보라고 하고 계선이 그대로 따라 하면 반드시 행복해질까? 그럴 수도 있고, 아닐 수도 있다. 단순히 기계적으로 긍정의 방법을 따라 한다고 행복을 느낄 수는 없다. '행복해지려면 낙관적으로 생각하라'는 조언이 오히려 낙관적으로 생각하지 못하는 스스로를 더 자책하게 하면서 우울과 불안으로 빠져들게 하거나, 자신의 입장에 공감하지 못하고 조언하는 상대에게 분노를 퍼붓게 만들 수도 있다.

그렇다면 긍정심리학은 행복해지는 방법에 대해 아무

것도 이야기할 수 없는 것일까? 물론 아니다. 긍정심리학을 부작용 없이 우리의 삶에 적용하려면 먼저 해야 할 것이 있다. 상대가 겪고 있는 고통과 역경, 그로 인한 좌절감과 우울, 불안에 대한 공감empathy이다. 상대의 이야기를 충분히 듣고, 그가 겪은 상황에서 느꼈을 감정에 이해를 표하는 것이다.

어떤 이들은 상대의 감정에 공감을 하면 상대가 나쁜 행동을 저지르는 데 동의하는 꼴이라고 걱정한다. 만약 자녀가 학교생활이나 회사생활이 힘들다고 할 때 그 마음에 공감을 해 주면, 자녀가 자퇴나 사직을 하겠다고 할까 봐 걱정된다는 것이다. 물론 그럴 수 있다. 하지만 공감과 동의agreement는 다르다. 공감은 상대의 감정에 대한 인정이고, 동의는 상대의 행동에 대한 찬성이다. 이 말은 공감은 해 줄 수 있지만, 어떤 결정에 있어서는 동의하지 않을 수도 있다는 말이다.

심리상담을 하다 보면 "너무 힘들어서 죽고 싶어요"라고 말하는 내담자들을 자주 만난다. 이때 상담자가 "죽긴 왜 죽어! 힘내!"라고 말하는 것과 "그래, 죽고 싶을 만큼 힘들 것 같아"라고 말하는 것 중 어느 것이 내담자의 자살 충동을 조금이라도 감소시킬 수 있을까? 전자가 아닌 후자다. 물론 내담자 중에는 자신이 죽고 싶은 마음에 공감을 받으면 "그럼, 저 죽어도 되죠?"라고 묻는 사람도 있다. 이때 상담자는 "그 마음은 공감되고 이해되지만, 네가 자살하는 것에는 동의할 수 없어"라고 말할 수 있다.

공감이 선행될 때 상대는 마음을 열게 된다. 만약 상대가 고통에서 벗어나고 싶다고 말하면서 도움을 요청한다면 이때 낙관주의를 비롯해 행복해질 수 있는 여러 방법을 전달해 주면 된다. 만약 상대가 먼저 묻지 않는다면, 조심스럽게 긍정의 방법을 제안해 줘도 될지 의중을 물어본다. 긍정의 방법이 효과를 내려면 자발적이어야 하고, 지속적이어야 하기 때문이다. 누가 강요해서 되는 것이 아니다. 스스로 원해야지 억지로 해서는 안 된다. 또한 꾸준하게 실천해야 효과가 있다.

이 사실을 간과해 상대방의 상황과 처한 입장, 의지를 고려하지 않고 무조건 긍정을 강요한다면 오히려 상대방을 더 부정적으로 만들게 될 것이다.

셀리그만이 말하는 인간의 마음

1. 마음의 부정적 요소는 해결하기 어렵다

사람들은 자신의 마음에서 부정적 요소를 없애고 싶어 한다. 근심과 걱정, 불평과 불만, 우울과 불안. 이런 것들이 마음을 장악할 때 그 원인을 알려고 한다. 그리고 그것을 없애기 위해 온갖 방법을 사용한다. 책을 읽고, 명상을 하며, 심리상담도 받는다. 가족이나 친구, 선배나 멘토에게 털어놓기도 한다. 다양한 활동으로 해소하려고도 한다. 물론 당장은 부정적 요소가 사라지는 것 같고, 자신이 더 괜찮은 사람이 되는 것처럼 느껴질 수 있다. 하지만 이내 우리 마음은 또다시 부정적 요소로 채워진다.

이는 비단 개인에 국한된 문제가 아니다. 조직과 기관, 사회와 국가의 문제다. 물론 현실의 문제점은 해결하고, 부족한 점은 바꾸거나 보충해야 더 나아질 것이다. 하지만 아무리 나아진다고 하더라도 모든 문제가 완벽히 해결되기를 바랄 수는 없다. 문제는 반드시 생기게 마련이다.

현실에서도 하물며 마음의 영역에서는 두말할 필요도 없이 부정적 요소를 완벽히 해결하기는 어렵다. 셀리그만은 기존의 심리학 연구가 부정적 요소를 없애려고 애썼지만 아직까지도 크게 나아지는 것이 없다고 말한다. 물론 어느 정도는 효과가 있지만, 그 효과는 미비하며 이내 새로운 부정적 요소가 발생할뿐더러 설사 부정적 요소를 없애더라도 그것이 곧 행복을 보장하지는 않는다고 말한다.

2. 부정과 긍정의 균형을 맞춰야 한다

생존을 위해 인간은 본래 부정적 요소에 집중하는 경향이 있다. 그러나 부정적 요소에 집중하느라 우리 마음에 존재하는 긍정적 요소를 당연시하면서 잊는 경향이 있다. 의식적으로라도 긍정적 요소에 집중하고 더 노력해서 연습하고 계발하면 우리의 삶은 보다 풍성해질 것이다. 행복해지려면 불행을 없애려는 노력보다 행복해지려는 노력이 필요하다.

우리에게 주어진 시간도, 에너지도, 마음도 유한하다. 따라서 마음의 부정에 집중하다 보면 어느 순간 모든 것이 부정적으로 보일 것이다. 긍정에도 집중해 보자. 유한한 시간과 에너지, 마음을 긍정으로 채우다 보면 자연스럽게 부정은 설 자리를 잃게 될 것이다.

그렇다고 부정을 부정할 수는 없다. 긍정심리학자들이 말하는 것은 인간의 부정적인 면에 초점을 맞춘 기존의 심리학을 외면하자는 것이 아니다. 부정과 긍정의 균형을 맞추자는 것이다. 또 겉으로는 긍정처럼 보이지만 실제로는 부정인 비현실적 낙관주의를 경계하는 동시에, 겉으로는 부정처럼 보이지만 실제로는 긍정의 효과를 가져오는 방어적 비관주의를 적절히 사용할 수 있어야 한다. 중요한 것은 주장이 아니라, 실제 긍정을 가져오느냐 마느냐 하는 것이다.

3. 마음은 강요가 아닌 자발성에 의해 움직인다

제아무리 좋은 행복의 방법이 있다 하더라도 상대가 원하지 않는데 강요하는 것은 아무런 소용이 없다. 특히 행복을 가져다주는 긍정은 자발성과 지속성이 필수다. 이런 면에서 힘들어하는 누군가에게 일방적으로 긍정을 강요하는 것은 부정의 결과를 초래한다.

누군가의 마음을 긍정으로 이끌려면 먼저 공감이 선행되어야 한다. 공감을 통해 같은 눈높이를 가지고, 공감을 통해 상대를 이해하고, 공감을 통해 상대의 마음을 열어야 한다.

상대가 자신의 고통에서 벗어나고 싶다고 말할 때 긍정의 방법을 제시하자. 긍정심리학자들에 따르면 행복의 40%

는 삶에 대한 긍정적 자세와 태도에 달렸다. 이를 얻기 위해서는 일상에서의 실천이 중요하다. 그리려면 자발성은 필수다. 자발적으로 선택해야 지속할 수 있고, 지속해야 효과를 볼 수 있다. 만약 상대가 먼저 긍정의 방법을 요청하지 않으면, 자신이 알고 있는 긍정의 방법을 전해도 되는지 상대의 의중을 묻는 것이 좋다. 이런 배려가 상대로 하여금 긍정의 방법에 대해 전향적으로 생각하게 만들고, 자신이 정말 원할 때 보다 자발적으로 선택하고 지속적으로 실천하게 만든다.

마음은 네 단계에 걸쳐 성장한다

Chapter 8.

장 피아제

Jean Piaget

자신만 제자리걸음이라는 우울함

‡

우희는 아들 하나를 키우는 엄마다. 연애 중 아기가 생기는 바람에 결혼을 서둘렀고, 6개월 후 출산이 임박해 10년 동안 보육교사로 일했던 어린이집을 그만두었다. 애인과는 이미 결혼 약속을 했던 터라 결혼과 출산에 후회는 없었고, 오히려 10년 동안 쉬지 않고 다녔던 직장을 그만둘 수 있어서 좋았다. 또 남의 아이만 돌보다가, 자신의 아이를 기를 수 있게 되어서 행복하고 좋을 것이라 생각했다. 실제로 아기를 낳은 후 첫 돌이 되기까지 잠도 부족하고 몸도 힘들었지만, 그보다는 너무 작고 예쁜 아기 덕분에 충만한 행복감을 느꼈다.

친구들은 우희의 갑작스러운 결혼과 출산에 놀라면서도 진심으로 축하해 줬고, 우희에게 종종 연락을 하며 챙겨주었다. 친구들 중 우희를 제외하면 결혼한 사람이 아무도 없기에, 친구들은 우희가 소외감을 느끼고 우울해할까 걱정이 되었다. 그러나 정작 우희는 친구들의 배려가 필요하지 않았다. 힘들지만 가치 있는 일이라는 생각에 우울할 틈이 없었기 때문이다. 또 육아하느라 너무 정신이 없어서 친구들로부터 오는 연락만 간신히 받을 수 있어 미안한 마음이 컸다.

1년 후 어느 정도 육아가 익숙해진 우희는 아기가 잠든 틈을 타서 친구들에게 연락하려고 핸드폰을 집어 들었다. 그리고 먼저 친구들의 SNS를 살펴보았다. 프로필 사진을 비롯해 그동안 올라온 피드(사진과 글)를 하나씩 살펴봤다. 맛있는 음식 사진, 해맑게 웃고 즐기는 모습, 멋진 풍광을 배경으로 찍은 여행 사진, 멋진 옷을 입고 연예인 포즈로 찍은 사진 등 현재 우희 입장에서는 엄두조차 낼 수 없는 내용이 가득했다. 친구들이 어떻게 지내는지 짧게 훑어보고 메시지를 보내려고 했는데 하나씩 살펴보다 보니 시간이 훌쩍 갔다. 우희는 순간 리즈 시절로 돌아간 것 같은 착각마저 들었고, 그 시절 자유롭고 즐거웠던 기분을 느꼈다.

하지만 백일몽도 잠시, 아기의 울음소리와 함께 정신을 차렸다. 기저귀를 갈고 아기에게 젖병을 물렸다. 그런데 뭔가 이상했다. 젖병을 물고 자신을 쳐다보면서 웃는 아기가 예쁘게 보이지 않았다. 그러면서 자신의 상황과 처지가 인식되기 시작했다. 아기가 걷기 시작하면서 온갖 물건을 만지고 어지르기 시작했던 때라 집안 꼴은 말이 아니었다. 싱크대에는 며칠 동안 미뤄둔 설거짓거리가 가득했다. 거울을 보니 눈 밑으로 다크서클이 길게 내려왔고, 머리도 부스스했다. 결혼 전에는 친구들 사이에서 패셔니스타로 불릴 만큼 꾸미기도 잘하고 자기관리에도 철저했던 우희였지만, 지금은 그저 누구도 봐주지 않는 아기 엄마일 뿐이었다. 여전히 자유롭게 살고 있는 친구들이 부러웠고 자신이 너무 초라하게 느껴졌다. 이때 핸드폰 알람이 울렸다.

"우희야, 잘 지내? 별일 없지? 아기 키우느라 힘들지는 않고? 너 생각나서 연락해. 혹시 우울한 건 아니지? 걱정된다. 아기 잠들면 통화나 한 번 하자. 전화 기다릴게!"

우희는 깜짝 놀랐다. 친구가 자기 생각을 읽고 있는 것처럼 메시지를 보냈기 때문이다. 예전 같으면 그저 반가워서 답신을 했을 텐데, 그럴 마음이 사라졌다. 물론 친구들이 자신을 비웃거나 싫어하고 이상하게 보지는 않겠지만, 우희는 스스로에게 느끼기 시작한 초라함을 견딜 수가 없었다. 이날 후로 우희는 친구들의 모든 연락을 차단했고 깊은 우울감에 시달리기 시작했다.

우희와 연락이 닿지 않은 친구들은 우희의 남편에게 연락을 하고, 심지어 집까지 찾아갔지만 그럴수록 우희는 더 혼자만의 세상으로 들어갔다. 이렇게 시작된 우희의 우울증은 수년의 시간이 지나도 나아질 기미가 보이지 않았다. 그래도 아주 심각한 우울증으로 발전하지 않을 수 있었던 이유는 하루하루가 다르게 크는 아이의 변화 때문이었다. 아장아장 걸음마를 하던 아이가 시간이 지나 걷고 뛰는 등의 신체 변화도 놀라웠지만, 마음의 변화가 놀라웠다. 우희는 우울한 탓에 아이의 교육에 신경 쓰지 못해 항상 미안했지만 아이는 또래와 비슷한 수준으로 읽고 쓰며, 자신과 세상에 대한 지식을 넓혀가는 것처럼 보였다.

아이가 5세 때였다. 우희는 부엌에서 아이 간식을 만들고 있었고, 아이는 소파에 앉아 그림책을 보고 있었다. 그러더니 갑자기 큰 소리로 "엄마! 곰은 왜 이렇게 행동해?"라고 말하는 것이 아닌가? 아이는 자신이 보고 있는 것을 엄마도 보고 있다고 생각한 것이다. 이런 일이 있을 때마다 우희는 "아들, 엄마한테 보여주고 물어봐야지"라고 말했다. 시간이 지나 8세가 된 아이는 책을 보다가 궁금한 것이 있으면 엄마에게 달려와서 책을 보여주고 묻게 됐다. 자신이 보는 것과 엄마가 보는 것이 다르다는 것을 알게 되었기 때문이다. 숨바꼭질도 비슷했다. 5세 때는 엄마에게 술래를 시켜놓고는 자기 방에 들어가서 침대에 앉아 이불을 뒤집어썼다. 이불을 뒤집어쓴 아이는 자신이 엄마를 볼 수 없으니, 엄마도 자신을 볼 수 없을 거라고 생각한 것이다. 아이가 8세가 되니 장롱이나 창고 등 엄마가 찾기 어려운 곳에 가서 제대로 숨을 수 있게 되었다.

웬만한 엄마라면 대수롭지 않게 보는 변화지만, 우희는 대학에서 아동학을 전공하고 보육교사로 근무한 아동 전문가였기에 아이의 인지능력이 어떻게 발달하는지 관심 있게 지켜봤다. 그리고 이런 아이의 변화와 성장을 확인할 때마다 신기해하고 놀라워했다.

이처럼 우희는 아기 때문에 기뻐하다가도 사라지지 않는 우울감에 힘들어했다. 아이는 너무나 잘 변화하고 성장하는데 왜 자신은 그대로인지 모르겠다는 생각이 들었다. 동네에서 만난 다른 엄마들 중에도 한때 잘나가는 직장인이었던 사람들이 있었다. 그런데 그들은 자신과 달리 예전 역할을 내려놓고, 아이들의 엄마와 전업주부로 변신을 완료한 것처럼 보였다. 그러나 우희는 자신이 아직도 엄마가 되었다는 사실이 믿기지도 않았고 받아들여지지도 않았다.

몸뿐 아니라 마음도 성장한다

육아를 해 본 사람이라면 아기의 성장과 변화가 얼마나 놀라운지 잘 알 것이다. 우희가 경험했던 것처럼 육아로 인한 우울증을 이겨낼 수 있을 정도로 신비하다. 키가 크고 몸무게가 늘고, 못하던 동작과 움직임을 하게 된다. 누워있던 아기가 뒤집기를 하고, 뒤집기만 하던 아기가 배밀이를 하고, 배밀이를 하던 아기가 기고, 기던 아기가 무언가를 잡고 일어서고, 일어서기만 하던 아기가 걷고 뛰어다닌다. 이런 몸의 변화는 누구라도 분명히 알 수 있다. 하지만 마음의 변화는 자연스럽게 일어나기 때문에, 아주 예민하게 관찰하지 않으면 알아차리기가 어렵다.

아이의 마음이 변화하고 성장하는 것을 알아차리기 어려운 것은 비단 개인의 문제가 아니다. 인류사회는 근대까지 아이 마음이 어떻게 변화하고 성장하는지 알지 못했다. 엄밀히 말하면 크게 관심을 갖지 않았다고 할 수 있다. 근대까지 인류가 아이를 바라보는 관점은 요즘과 전혀 달랐다. 우선 고대에는 아동을 고유한 인간으로 보기보다는 종족 보존을 위한 수단, 그리고 노동력을 제공하는 존재로 여겼다. 또 태어나서 몇 년 안에 죽는 경우가 많았기 때문에 노동이 가능한 7~8세가 되어야 이름을 지어주곤 했다. 결국 7~8세 이전의 아이들을 정신능력이 없는 생명체 정도로 인식했다고 할 수 있다.

중세에는 아동에 대한 관심이 이전보다는 증가해 아동을 성인의 축소판 정도로 보기 시작했다. 중세의 그림을 보면 아동은 작게 만든 어른의 옷을 입고 있으며, 상점이나 마당에서 성인과 함께 파티에 참석하여 술을 마시며 떠드는 모습으로 묘사되고 있다. 이 시대에는 아동 범죄와 성인 범죄 사이에 차별을 두지 않아서 아동에게도 성인과 동일한 처벌을 가했다.

근대에 들어서 아동은 성인의 축소판이 아니며, 성인과는 다른 고유한 존재라는 주장이 설득력을 얻기 시작했다. 영국의 철학자 로크John Locke는 아동은 백지상태의 마음으로 태어난다고 주장하며 교육의 중요성을 강조했다. 프랑스의 철학자 루소Jean-Jacques Rousseau는 아동은 선하게 태어나고, 연령에 따라 다른 교육을 해야 한다고 주장했다. 그러나 구체적으로 무엇을 어떻게 교육할지는 분명하게 제시하지 않았다. 아니 제시할 수 없었다. 무엇을 어떻게 교육할지 제시하려면 먼저 아동의 마음이 어떤 식으로 작동하는지를 알아야 하는데 이에 대한 연구가 전무했기 때문이다.

아동이 연령에 따라 어떻게 생각하는지에 대한 세밀한 관찰과 연구는 20세기에 들어서 시작되었다. 최초의 연구자가 피아제다. 놀랍게도 그의 이론은 지금도 아동학과 교육학, 심리학 분야에서 가장 중요하게 인정받는 이론 중 하나다. 단지 책상 위의 이론이 아니라 현장에서 사용되고 적용되는 살아있는 이론이다. 물론 피아제 이론에 대한 비판도 많지만, 그만큼 여전히 영향력이 있다는 방증인 셈이다.

피아제는 아이들의 인지능력, 즉 마음이 4단계로 발달한다고 말했다. 피아제는 마음의 가장 중요한 기능을 조작operation이라 했다. 조작은 논리적으로 사고하는 능력을 의미한다. 그는 아이들이 조작을 할 수 있는지 없는지, 어떤 수준까지 조작을 하는지에 따라 단계를 구분했다.

첫 번째 단계는 태어나서 2세까지다. 삶을 시작하는 단계이자 세상에 대한 지식, 즉 도식schema을 만들어가는 단계다. 논리적으로 생각하고 판단하기 위해 필요한 지식을 쌓아가는 과정이기 때문에, 조작이라는 개념을 적용할 수 없다. 어떻게 세상에 대한 지식을 만들어갈까? 경험을 통해서다. 아이들은 보고 듣고 느끼고 맛보고 냄새를 맡으며, 그리고 직접 건

드리고 발로 차고 만지는 행동을 통해 세상에 대한 밑그림을 마음에 그리게 된다. 그래서 피아제는 이 시기를 감각운동기sensorimotor period라고 칭했다. 이 시기의 아이가 가지고 노는 장난감은 소리나 불빛이 나고, 웬만해서는 깨지거나 부서지지 않는 재질로 만들어진 것이 많다. 아이의 감각을 자극하고 운동반응을 유발하기 위한 것이다.

이제 세상에 대한 지식, 즉 도식이 어느 정도 만들어지면 아이는 나름대로 뭔가를 해 보려고 시도하게 된다. 3세부터 6세까지의 시기다. 이 시기의 아이는 본격적으로 장난감을 가지고 놀 수 있다. 이전 단계에서는 장난감을 오감으로 경험하고, 던지거나 발로 차는 등의 단순한 반응만을 보이지만 새로운 단계에서는 장난감을 가지고 의미 있는 놀이를 한다. 엄마가 동생을 재우려고 품에 안는 모습을 보면, 자기도 인형을 가지고 와서 품에 안아 재우려는 시늉을 한다. 아빠가 청소하는 모습을 보면, 자신도 해 보겠다고 아빠의 청소도구를 뺏기도 한다. 뭔가를 하려고 하나 논리적으로 생각하고 판단하는 조작은 불가능하다. 그래서 이 시기를 전조작기preoperational period라고 한다. 이 시기의 또 다른 특징은 본격적으로 말을 하게 된다는 것이다. 논리적 사고가 어렵기 때문에, 말 역시 논리가 부족하다.

7세가 되면 이전과 다르게 논리적으로 생각하고 행동하게 된다. 아빠가 청소하는 모습을 보면, 바닥에 어질러진 책과 장난감을 치운다. 엄마가 동생을 재우려는 모습을 보면 자기 방에 들어가서 조용히 책을 읽는다. 논리적으로 생각한다는 것은 자신의 생각과 상대의 생각이 다를 수 있다는 것을 알게 된다는 의미다. 그래서 의도적인 거짓말도 가능하다. 전조작기에는 자신의 관점이 모두의 관점이라고 생각해서, 거짓말을 해도 오래가지 못한다. 반면 이 시기의 아이는 자신이 자백하지 않으면, 상대는 끝까지 모를 수 있다는 사실을 안다. 7세에 공교육을 시작하는 이유도 바로 논리적으로 생각할 수 있기 때문이다. 하지만 논리적 사고, 즉 조작이 눈에 보이고 만질 수 있는 실물(구체물)에 국한되기 때문에 이 시기를 구체적 조작기concrete operational period라고 한다.

우희의 아이가 5세와 8세에 다른 모습을 보이는 것도 전조작기에서 구체적 조작기로 이행했기 때문이다. 전조작기에는 자신이 세상의 중심이라고 생각한다. 자신이 보는 것을 타인이 보고, 자신에게 안 보이면 타인에게도 안 보일 거라고 생각한다. 물론 의도적이고, 의식적으로 타인의 관점을 무시하는 것은 아니다. 타인의 관점이 존재한다는 것을 명확하게 인식하지 못할 뿐이다. 그런데 8세가 되면 자신과 타인의 관점이 다르다는 것을 분명히 인식한다.

초등학교를 졸업하고 중학교에 진학하는 나이가 되면 아이들은 눈에 보이지 않는 것, 즉 추상적인 개념을 이해하고 조작할 수 있다. 음수(-)와 방정식(가상의 수, x와 y)을 중학교에서 배우는 이유도 이 때문이다. 직접 만질 수도 느낄 수 없는 것에 대해 생각하는, 즉 가정과 가설에 근거해 논리적으로 생각할 수 있게 된다. 그래서 이 시기를 형식적 조작기formal operational period라고 한다. 구체적 조작기의 아이들은 산타클로스가 있는지, 없는지만 생각한다. 반면 형식적 조작기의 청소년들은 산타클로스가 3~4세기경 실존했던 인물인 성 니콜라우스의 '상징'이라는 사실을 이해할 수 있다. 그리고 세계 평화와 기후 문제처럼 당장 눈에 보이지 않는 문제에 대해서 고민할 수 있게 되며, 삶의 의미와 사후 세계에 대한 생각도 가능하다.

마음은 평형과 균형을 추구한다

피아제가 정립한 인지 발달의 4단계는 모든 아이에게 공통적으로 나타난다. 시대와 문화를 막론하고 말이다. 누가 시킨 것도 아니고, 의도적으로 정한 것도 아닌데 어떻게 우리의 마음은 이렇게 같은 과정과 단계를 밟아 성장하고 변화할까? 그 원리는 무엇일까? 아이들의 행동을 유심히 관찰한 피아제는 인지능력의 발달 원리를 발견했다. 그 원리는 아주 단순하고 명료했다. 평형화equilibrium가 바로 그것이다. 평형화란 다른 말로 균형화 혹은 안정화라고도 한다.

기본적으로 모든 유기체는 환경에 적응하는 경향이 있다. 자신이 처해 있는 환경이 생존에 불리하거나 생활하기에 불편하다면 가만히 있지 않는다. 환경을 바꾸든지 아니면 스스스로를 바꾸려고 한다. 불안정한 요소가 발생한 상태를 불평형 혹은 불균형이라고 하는데, 유기체는 변화를 통해 평형과 균형으로 돌아가 안정을 추구하려고 한다. 이것이 평형화다.

인간은 아주 더운 곳에서도 살고, 아주 추운 곳에서도 산다. 산에서 사는 사람도 있고, 사막에서 사는 사람도 있고, 바다에서 사는 사람도 있다. 이들은 그곳에서 살아남기 위해 환경을 개척하고 바꾸거나 아니면 자신들의 생활양식을 바꾼다. 그래서 자신이 처한 환경에서 안정감 있게 살아간다. 인간뿐 아니다. 모든 동식물도 환경에 적응한다.

피아제는 이 원리가 인지 발달에도 적용된다는 것을 발견했다. 앞서 언급했듯이 갓 태어난 아이들은 감각과 운동을 통해 도식을 만들어간다. 처음에는 도식의 내용이 별로 없기 때문에, 경험하는 것으로 계속 도식을 만들어간다. 그런데 어느 정도 도식이 생기게 되면, 그때부터 자신의 경험을 도식으로 받아들이기 위해서 경험과 도식을 비교한다. 만약 새로운 경험이 기존의 도식과 잘 어울린다면 경험을 도식으로 받아들인다. 이를 동화assimilation라고 한다. 물론 새로운 경험이 기존의 도식과 어울리지 않을 수도 있다. 그러면 우리의 마음은 불평형 상태가 된다. 당연히 불편감을 느끼게 되고 평형과 균형을 추구하려 한다. 경험을 외면하거나 부정할 수는 없으니, 자연스럽게 경험을 받아들일 수 있도록 도식을 바꾼다. 이를 조절accomodation이라고 한다.

도식을 아무리 바꾸더라도 새로운 경험을 받아들일 수

없을 때가 오기 마련이다. 이때 마음은 이전과는 전혀 다른 새로운 단계로 도약을 한다. 감각운동기에서 시작해 전조작기, 구체적 조작기를 거쳐 마침내 형식적 조작기에 들어서게 되는 것이다.

동화와 조절이라는 두 과정으로 설명할 수 있는 평형화의 원리는 비단 아이의 인지 발달에만 적용되는 것은 아니다. 연령과 상관없이 우리의 마음이 새로운 경험을 받아들이는 과정에도 적용된다. 새로운 언어를 배울 때, 새로운 학문을 공부할 때도 이 원리가 작동된다. 또, 무언가를 의도적으로 학습할 때가 아니라 일상에서도 작동된다. 만약 당신이 어느 날 인터넷 뉴스에서 누다심에 대한 인터뷰 기사를 읽었고, 기사에서 누다심이 했던 말을 읽었다고 하자.

> "저는 심리학 칼럼니스트로 활동하면서 많은 사람들에게 제대로 된 심리학 정보를 쉽고 재미있게 전달하려고 애씁니다. 그래서 가능한 많은 사람들이 자신과 타인의 마음에 관심을 갖게 되면 좋겠고, 그래서 서로를 배려하고 이해할 수 있게 되면 좋겠습니다."

기사를 읽은 당신은 '누다심은 사람과 심리학에 대한 열정을 가진 사람'이라는 도식이 생겼을 것이다. 그러던 어느 날 누다심을 직접 만나본 친구가 당신에게 와서 "누다심에게 도움을 요청했더니 자기 일처럼 도와줬어!"라는 이야기를 했다면, 이 정보는 기존의 도식과 일치하기 때문에 자연스럽게 도식으로 동화한다. 그런데 며칠 후 "누다심이 가까운 사람들에게 돈을 빌리고 갚지 않아서 고소를 당했다"는 인터넷 기사를 보게 되었다고 하면 어떨까? 이 기사는 누다심에 대한 기존의 지식과 일치하지 않아 혼란스러울 것이다. 마음이 불평형, 불균형 상태가 되고 이를 평형과 균형 상태로 만들려고 할 것이다. 어떤 이들은 인터넷 기사가 오보일 거라고 생각하며 도식을 바꾸려 하지 않을 수도 있다. 하지만 기사가 진실로 밝혀진다면 누구라도 도식을 조절할 것이다. '누다심은 심리학자를 가장한 사기꾼'이라고.

성인의 인지도 발달한다

피아제의 인지 발달은 형식적 조작기에서 끝난다. 형식적 조작기는 보통 청소년기부터 시작되니, 피아제는 청소년과 성인의 인지 발달을 구분하지 않은 셈이다. 다시 말해 청소년이 되면 성인 수준의 생각을 할 수 있고, 더 이상의 인지 발달은 일어나지 않는 것으로 보았다. 피아제가 인지 발달을 연구한 것은 20세기 초반이다. 이때는 청소년이 되면 자신의 직업을 결정하고, 얼마 지나지 않아 사랑하는 사람을 만나 결혼하는 것이 일반적인 삶이었다. 참고로 피아제와 같은 시대를 살았던 정신분석의 창시자 프로이트 역시 성격 발달이 청소년기에서 끝난다고 보았다. 이처럼 청소년과 성인을 구분하지 않았던 것은 당시의 시대적 상황 때문이다.

과연 인지 발달에 있어서 청소년과 성인은 같을까? 피아제는 청소년과 성인은 같은 방식으로 생각하되, 다만 성인이 청소년보다 더 많은 지식을 가지고 있을 뿐이라고 했다. 그러나 피아제가 살던 시대에는 그랬는지 모르겠지만, 요즘은 청소년과 성인의 사고방식이 분명히 다른 것처럼 보인다.

우선 청소년은 현실적으로 생각하기보다 이상적으로 생각하는 경향이 있다. 고등학생의 경우, 자신이 원하는 대학에 진학하기만 하면 인생에 탄탄대로가 펼쳐질 것처럼 생각하고, 대학 진학에 실패하면 인생이 망가질 거라고 생각한다. 또 친구나 부모, 연예인 등 누군가를 좋아할 때 그 사람의 좋은 면만을 보고 이상화시키다가도, 안 좋은 면을 발견하면 극단적으로 평가절하한다.

반면 성인의 경우는 보다 실용적이고 현실적으로 생각한다. 삶은 단순하거나 간단하지 않으며, 여러 관점에서 고려할 사항이 많다고 생각한다. 확실히 청소년과 성인은 사고의 내용이나 다루는 정보의 양만 다른 것이 아니라, 사고의 과정에서 차이가 난다고 할 수 있다. 이 때문에 피아제 이후 마음의 성장과 변화를 연구한 심리학자들은 인간의 인지 발달이 형식적 조작기에서 끝나는 것이 아니라, 형식적 조작기를 넘어서는 사고방식이 존재한다고 주장한다. 이를 후형식적 사고 postformal thought라고 한다.

후형식적 사고의 특징은 실용적이고, 유연하며, 변증법적이라는 것이다. 다시 말해 복잡한 세상을 살아가는 데 도움이 되며, 자신이 처한 상황을 받아들일 수 있게 하며, 또 자신의 생각과 다른 생각을 수용할 수 있게 한다는 것이다. 우희는 변화와 성장을 거듭하는 아들과 달리 자신은 변화와 성장을 멈춘 것 같다는 생각에 우울감에서 벗어나지 못하고 있었다. 분명 피아제의 인지 발달 관점에서 보자면 우희도 형식적 조작기에 도달한 것은 두말할 필요가 없다. 안타깝게도 형식적 조작기의 생각만으로는 우희의 우울감은 해결되기 어렵다. 후형식적 사고가 필요하다.

우희는 임신 사실을 알고 10년 동안 다니던 직장을 그만두게 되었을 땐 아이를 낳으면 행복해질 거라는 꿈에 부풀었다. 그러다 어느 순간 자신의 처지를 비관하면서 모든 친구관계를 단절했다. 자신의 초라한 모습을 누가 볼까 봐 숨고 싶었기 때문이다. 결혼 전 패셔니스타로 불릴 정도로 스스로를 잘 꾸몄지만, 아이를 낳고 난 뒤로는 늘 평범한 스타일로 옷을 입었다. 갓난아기를 키우는 엄마이자 전업주부가 집에서 자기관리를 하기는 불가능했기 때문이었다. 따라서 우희는 서로 양립하기 어려운 두 가지 마음에 괴로워하고 있었다.

A. 아이를 낳고 키우는 일은 정말 행복하고 기쁜 일이야

B. 아이를 낳고 키우는 일은 나를 포기해야 하는 슬프고 우울한 일이야

그래서 아이의 성장과 변화를 보면 기쁘다가도, 자신의 상황을 보면 금세 우울해졌다. 이런 우희의 사고 패턴은 대부분의 청소년들이 가지고 있는 것이다. 이상적이고, 극단적이며, 양립 불가능한 두 생각 사이에서 갈피를 잡지 못한다. 그래서 변덕도 심하고, 감정 조절도 어렵다.

이런 상황을 벗어나려면 우희는 형식적 조작기를 뛰어넘어 후형식적 사고를 해야 한다. 구체적으로 후형식적 사고란 무엇이며 어떻게 할 수 있을까? 후형식적 사고의 특징 중 하나는 정반합으로도 불리는 변증법이다. 다시 말해서 한 가지 생각(명제)과 반대되는 생각(반명제)이 있을 때, 두 생각을 모두 고려하여 하나의 생각(종합명제)으로 정리하는 것을 말한다. 이미 우희에게는 두 가지 반대되는 생각이 있다. A를 명제, B를 반명제라고 하면 이 둘을 다음과 같은 종합명제(C)로 만들 수 있다.

C. 아이를 낳고 키우는 일은 행복하고 기쁘지만, 동시에 나를 포기해야 하는 면에서는 슬프고 우울한 일이기도 해

A와 B의 생각을 종합하지 않으면 우희는 기분이 좋았다가 우울했다가를 반복하게 된다. 그러나 두 생각을 종합하여 C로 만들면 적절한 수준에서 일관된 감정을 가질 수 있다. 이렇게 하면 극단적이고 흑백논리적인 청소년기의 사고에서 벗어나 현실을 있는 그대로 반영하는 생각을 할 수 있다. 우희가

동네에서 알게 된 다른 엄마들은 우희처럼 직장을 다녔던 사람들이었지만, 우희와는 다르게 자신의 정체성을 엄마와 전업주부로 재설정한 것처럼 보인다. 자신의 상황을 받아들여서 자신에 대한 도식을 바꾼 사람들은 변증법적으로 사고한 것이다.

변증법적 사고처럼 여러 관점과 상황을 종합하기 위해서는 마음의 유연성이 필요하다. 이 유연성의 핵심은 논리적이고 이성적인 사고와 감정을 통합하는 것이다. 형식적 조작기에 도달한 청소년들은 추상적인 생각이나 학습에 있어서는 형식 논리를 사용하나, 개인적이고 관계적인 문제에 있어서는 아주 감정적으로 행동한다. 마치 우희가 여전히 화려한 친구들의 모습을 보면서 자신의 초라한 모습을 크게 인식해 결국 친구들과 연락을 끊은 것처럼 말이다. 만약 우희가 후형식적 사고를 하게 된다면 자신의 상황에 대해서 이렇게 생각하게 될 것이다.

'비록 지금은 친구들에 비해 내가 초라하게 보이지만, 육아를 하고 있는 상황이니 어쩔 수 없지. 친구들도 날 이해해 줄 거야. 또 지금은 저렇게 화려한 모습으로 살아가지만, 친구들도 나중에 엄마가 되면 나와 같은 처지가 될 테니까. 그때는 오히려 친구들이 날 부러워하겠지? 힘내자, 우희야!'

피아제는 인지 발달의 원리로 동화와 조절로 이루어진 평형화를 꼽았다. 이를 통해 4단계를 거쳐 우리의 마음이 성장하고 변화한다고 말했다. 비록 피아제가 직접 언급한 것은 아니지만 따지고 보면 후형식적 사고 역시 같은 원리로 설명 가능하다. 즉 우리가 경험하는 현실을 받아들이기 위해 도식을 조절하는 과정인 것이다.

우희는 자신의 생각에 갇혀서 현실을 외면했기에 우울감을 계속 겪고 있는 것이다. 만약 친구들의 연락을 외면하지 않았다면 어떻게 되었을까? 친구들이 찾아와서 우희에게 여러 이야기를 해 줬을 것이다. 그 과정에서 우희는 친구들이 자신의 초라한 모습을 보고 싫어하거나 외면하지 않고, 오히려 귀여운 아기를 키우기 위해 반드시 필요하고 고귀한 희생으로 좋게 봐준다는 사실을 발견할 수도 있었을 것이다. 또 어쩌면 결혼이나 출산을 앞둔 친구의 부러움을 샀을 수도 있다. 이런 경험을 계속했더라면 우희도 다양한 관점을 받아들여 보다 현실적이고 유용한 생각을 하게 되었을 수 있다. 결국 변화와 성장을 막는 가장 핵심적인 원인은 자신의 관점이나 생각만을 우선시하고 절대시하는 자기중심성이다.

자기중심성에서 벗어나야 한다

자기중심성이란 타인의 생각, 감정, 지각, 관점이 자신의 것과 동일하다고 여기거나 자신의 입장에서 추론하고 판단하는 것, 그리고 자신의 것만이 옳다고 주장하는 경향성이다. 우희의 아들은 5세 때는 자신과 타인의 관점이 다르다는 것을 알지 못했지만, 8세가 되자 이를 알아차렸다. 자기중심성에서 벗어났기 때문이다. 자기중심성은 전조작기의 특징으로 구체적 조작기가 되면 사라진다.

피아제가 연구한 자기중심성은 물리적 관점, 즉 조망에 대한 것이었다. 그는 네 면으로 된 책상 위에 세 개의 산 모형을 올려놓았다. 서로 떨어뜨려서 배치했기 때문에 책상의 어느 면에서 보는지에 따라 다르게 보였다. 피아제는 6세의 아이를 데려다가 책상 한쪽에 앉게 했다. 그리고 책상 위의 산 모형이 어떻게 보이는지 네 개의 그림 중 선택하게 했다. 네 개의 그림은 책상 네 면에서 볼 수 있는 산 모형을 그린 것이었다. 아이들은 자신이 본 것을 그대로 선택하면 되었기에 어렵지 않게 자신이 본 것을 선택했다.

피아제는 아이의 반대편에 인형을 앉혀놓은 후 인형은 산 모형을 어떻게 보는지 다시 네 개의 그림 중 선택하게 했다. 그랬더니 아이들은 좀 전에 자신이 선택한 그림을 그대로 선택했다. 즉 반대편에 앉은 인형도 자신처럼 볼 것이라고 생각한 것이다. 그런데 8세 정도가 된 아이들은 인형의 관점이 자신과 다르다는 것을 인식하고 올바른 답을 선택했다.

피아제는 구체적 조작기에 접어들면 자기중심성이 사라진다고 했다. 그러나 물리적 관점의 자기중심성은 벗어나지만, 형식적 조작기에 도달한 청소년기에는 다른 측면에서의 자기중심성이 나타난다. 청소년들은 자신이 마치 영화나 소설

속의 주인공인 된 것처럼 느껴서 사람들이 모두 자신을 지켜보는 듯한 착각을 한다. 이를 상상적 관중imaginary audience이라고 한다. 실제로는 쳐다보는 관중이 없는데, 상상 속에서 그렇게 느낀다는 것이다. 청소년들이 자신의 외모나 행동거지 하나하나에 유독 타인의 시선을 신경 쓰는 이유도 여기에 있다.

또 청소년들은 자신은 특별한 사람이고, 자신의 경험은 특별하다고 생각한다. 그래서 남들에게 이야기하기를 꺼려하며, 이야기를 하더라도 상대가 자신을 이해하기 어려울 것이라고 생각한다. 이처럼 자신의 이야기를 특별하게 여기는 것을 가리켜 개인적 우화personal fable라고 한다. 실제로는 특별할 것 없는 그저 자신만의 이야기인 셈이다. 이것이 청소년기의 자기중심성이다.

시간이 지나 청소년이 청년이 되면 결국 사람들은 자신에게 별 관심이 없고, 자신의 경험은 아주 흔한 경험이라는 사실을 알게 되면서 자기중심성에서 벗어나는 것처럼 보인다. 하지만 중년이 되면 또 다른 형태의 자기중심성이 나타난다. 중년기의 자기중심성은 자신의 직업이나 혹은 관심 분야에서 자신의 경험을 지나치게 신뢰하는 것이다. 소위 전문가로서 가지는 과장된 자신감인데, 이 때문에 남의 도움이나 조언을 무시하는 중년이 많다. 그래서 무모하게 사업이나 투자를 했다가 크게 실패하기도 한다. 그렇다면 노년기는 어떨까? 중년기에는 어느 분야에 국한한 자기중심성이 특징이라면 노년기에는 연륜을 근거로 인생 전반에 대해서 자신의 생각과 방법을 젊은이들에게 강요하곤 한다.

이렇게 나이에 따라 다른 형태로 나타나는 자기중심성도 있지만, 모든 연령대에서 비슷하게 나타나는 자기중심성도 있다. 누군가와 다투거나 싸울 때다. 부모와 자식, 부부, 친구 등 가까운 사이에서 일어나는 갈등, 가게 손님과 주인의 갈등, 도로 위에서 차를 세우고 하는 운전자끼리의 갈등을 보라. "나는 맞고 너는 틀리다", "나는 그럴 만한 이유가 있고, 너는 고의적이다"라는 식으로 말한다. 이 역시 자신의 생각을 우선시하는 자기중심성이다.

피아제가 말한 물리적 조망에서의 자기중심성은 모든 사람이 어린 시절 경험하는 것이고 시간이 지남에 따라 벗어나게 되지만, 청소년기 이후의 자기중심성은 사람마다 다르다. 이런 개인차가 생기는 이유는 동화와 조절, 즉 평형화의 능력에서 차이가 나기 때문이다.

우희처럼 많은 사람들은 자신의 경험보다 생각을 우선시한다. 그래서 열린 마음으로 소통하면서 상대의 마음을 궁금해하고 들으려고 하기보다는, 상대의 마음을 추측하면서 소통을 거부한다. 새로운 환경을 적극적으로 탐색하면서 자신의 생각을 바꾸려고 하기보다는, 별거 없을 거라고 생각하면서 아무런 도전도 하지 않으려고 한다. 이런 상태가 지속되면 우리의 마음은 현실과 멀어지면서 왜곡이 심해지고, 힘들어질 수밖에 없다. 평형화의 원리를 우리 마음에 계속 적용할 수 있다면 보다 건강하고 행복한 마음을 가지게 될 것이다.

피아제가 말하는 인간의 마음

‡

1. 우리의 마음은 성장하고 변화한다

우리의 몸은 필수 영양분을 공급받고 적절한 운동을 하는 조건에서 성장하고 변화한다. 이는 당연하고 정상적인 일이다. 살아 있는 사람이라면 말이다. 만약 일정한 조건에서 몸의 성장과 변화가 일어나지 않는다면 심각한 질병이나 다른 문제가 있는 것이다. 마음도 그렇다. 살아 있는 사람이라면 당연히 마음도 성장하고 변화한다.

어떤 이들은 고집이 세거나 자기중심적인 사람을 가리켜서 '변하지 않을 사람'이라고 단정한다. 혹은 스스로에 대해서 "나는 어떤 경우에도 변하지 않을 거야"라고 자신 있게 말하기도 한다. 물론 마음에 병이나 문제가 있다면 변화와 성장이 잘 일어나지 않을 수도 있다. 그러나 원래의 마음, 보통의 마음, 정상의 마음은 언제든 성장하고 변화한다. 얼마나 또 어떤 방향으로 성장하고 변화하는지는 개인마다 다를 수 있지만, 성장과 변화 자체는 분명히 일어난다.

2. 마음이 불편하고 불안해야 성장과 변화가 일어난다

몸의 성장과 변화를 위해 필요한 것이 영양분과 운동이라면, 마음의 성장과 변화를 위해 필요한 것은 새로운 경험이다. 익숙한 경험은 마음으로 받아들이는 데 전혀 불편함이 없다. 편안하고 안정감을 느낀다. 그래서 많은 사람들이 익숙한 것을 찾는다. 당장은 편하고 좋겠지만 마음의 성장과 변화는커녕 마음의 병을 얻을 수도 있다. 새로운 경험은 기존의 지식으로는 예상하기 어렵고, 이해하기 어렵기도 하다. 그래서 마음이 불편하고 괴롭기까지 하다. 이때 우리 마음은 새로운 경험을 받아들이기 위해서 기존의 지식을 확장하고 변경한다. 불편과 불안을 줄이기 위한 시도라고 할 수 있다.

평소 운동을 잘 안 하던 사람이 몸의 건강을 위해 운동을 시작했을 때, 처음부터 몸의 힘이 생기면서 건강해지는 것은 아니다. 안 쓰던 근육을 사용하기 시작하면 고통이 수반된다. 그래서 많은 이들은 운동을 포기한다. 그러나 이 고통은 몸을 죽이는 것이 아니라 살리고 건강하게 만드는 것이다. 마음도 마찬가지다. 새로운 경험을 하면 불편하고 불안하지만, 이는 어디까지나 마음의 성장과 변화를 위한 것이다.

3. 경험과 마음이 충돌할 때는 마음을 바꾸어야 한다

본래 사람의 마음은 새로운 경험을 받아들이기 위해 유연하게 대처한다. 특히 아이들은 어떤 경험을 하든지, 그 경험을 바탕으로 마음을 만들고 성장시켜 나간다. 그런데 시간이 지나 어른이 되면 경험을 통해 마음을 변화시키는 작업을 회피하는 경우가 많다. 불편하고 불안정한 느낌이 싫어서 아예 자신의 마음에 어울릴 만한 경험만 하는 사람도 있다. 이보다 더 안 좋은 대처는 마음과 다른 경험을 하게 되었을 때 경험 자체를 부정하는 것이다.

만약 현실의 경험을 부정하고 자신의 생각을 바꾸려 하지 않으면 마음에 반드시 왜곡이 생긴다. 현실을 제대로 인식할 수 없어서 대인관계도, 소통도 힘들어져서 정상적으로 살 수가 없다. 현실과 어울리지 않는 마음은 우울과 불안 등 다양한 심리적 문제로 발전하기 쉽다. 심하면 망상으로 발전한다. 망상이란 설득되지 않는 왜곡된 신념을 의미한다. 즉 망상을 가진 사람들은 설득되지 않는다. 망상과 반대되는 증거를 제시하더라도, 자신의 생각을 수정하기보다는 증거가 오염되었다고 주장하거나 자신을 설득하려는 사람까지 망상에 포함시켜 버린다.

경험과 마음이 충돌하지 않게 살기는 어렵다. 삶의 모든 경험을 완벽히 통제할 수 없기 때문이다. 결국 우리는 경험과 마음이 충돌할 때, 그래서 마음이 불편하고 힘들 때 경험을 부정할 것이냐 아니면 마음을 바꿀 것이냐를 선택할 뿐이다. 건강하고 정상적인 삶을 원한다면 아이들처럼 하면 된다. 경험을 부정하지 말고, 마음을 바꾸는 것이다. 특히 주변 사람들과의 관계가 힘들 때, 잠수를 타거나 외면하지 말고 가능하다면 끝까지 앉아서 서로의 마음을 주고받으면서 내 생각과 마음을 확장시키려고 노력해 보자. 상대를 이해하려고 애쓰는 것은 상대를 위한 게 아니라, 나의 건강하고 유연한 마음을 위해서 필요한 일이다.

의지와 노력만으로는 변할 수 없다

Chapter 9.

쿠르트 레빈

Kurt Lewin

노력해도 변화가 이뤄지지 않을 때

김 대표가 4년 전 스타트업을 시작한 이유는 대기업에서 경험한 조직문화 때문이었다. 대학 졸업과 동시에 대기업에 입사한 그는 친구들의 부러움을 한 몸에 받았다. 그랬던 그가 1년도 되지 않아 사표를 냈다. 원활한 소통이 안 되는 갑갑한 조직문화 때문이었다. 가장 참기 어려웠던 것은 회의였다. 회의란 모름지기 서로의 의견을 공유하고 활발한 토론을 거쳐서 최고의 결론을 도출하는 모임이어야 한다고 생각했지만, 그가 경험한 회의는 전혀 달랐다. 회의를 소집한 사람이 안건을 발표하고, 팀장이 "자유롭게 토론하자"고 말한다. 하지만 모두들 눈치를 보며 별말을 하지 않는다. 그러면 팀장은 안건을 낸 사람에게 "의견이 있냐?"고 묻는다. 안건을 낸 사람이 기다렸다는 듯 자신의 생각을 말하면 나머지 사람들은 고개를 끄덕이며 열심히 메모한다. 그러면 회의 시간이 거의 다 끝나고 결국 안건을 낸 사람의 아이디어가 채택되는 식이었다.

입사한 지 얼마 되지 않았을 때 김 씨는 안건에 대해서 의견을 열심히 개진했다. 그런데 "자유롭게 토론하자"고 말한 팀장도 회의 안건을 발표한 사람도, 다른 직원들도 김 씨의 의견을 귀담아듣지 않았다. 이뿐이 아니었다. 김 씨의 의견으로 회의 시간이 조금 길어지자 다들 노골적으로 불편한 기색을 비쳤다. 급기야 김 씨의 의견은 유야무야됐고, 결국 여느 때처럼 안건을 낸 사람의 의견이 채택됐다. 더 놀라운 것은 회의가 끝나고 자리로 돌아왔을 때였다. 같은 팀 선배가 김 씨를 불러냈다.

> "야, 너만 잘났니? 다른 사람들은 생각이 없어서 말을 안 하는 줄 알아? 너도 참 답답하다. 공부만 잘하는 모범생이었나 본데, 회사생활은 그렇게 하면 안 돼. 눈치가 있어야지."

김 씨는 이해가 안 됐다. 회의에서 자신의 의견을 말했다고 욕을 먹는 것도 그렇고, 또 모범생 운운하면서 눈치가 없다고 말하는 것도 기분 나빴다.

> "아니, 선배. 다들 별생각 없어서 말 안 하는 거 아니었어요? 할 얘기가 있으면 하면 되죠. 안건을 낸 사람의 의견을 그냥

따를 거라면 도대체 회의는 왜 하는 거예요? 그냥 혼자 알아서 일하면 되지."

"야, 나라고 안 해 봤겠어? 내가 이렇게 말하는 것도 옛날 생각이 나서야. 나도 많이 말했고, 많이 혼났다. 결과적으로는 아무것도 바뀌지 않았어. 제아무리 좋은 의견도 신참이 내면 받아주지를 않아. 또 한편으로는 다행인 거야. 결국 의견이 채택되면, 의견 낸 사람이 그 일을 맡게 되거든."

김 씨는 사표를 던졌다. 위계적이고 소통이 불가능한 회사 분위기를 참을 수 없었다. 대기업에 남으면 안정된 생활은 보장되겠지만, 나중에 후회할 것 같았다. 그래서 이전부터 생각해 오던 아이템으로 창업을 했고, 1인 기업의 대표가 되었다. 혼자서 모든 일을 다 해야 했다. 처음에는 힘들고 외로웠지만 갑갑한 대기업에서 주인의식도 없이 기계의 부품처럼 일하는 것보다는 훨씬 나았다.

밤낮을 가리지 않고 일한 덕분에 창업한 지 1년 만에 손익분기점에 도달할 수 있었다. 2년째부터는 수익이 나기 시작했다. 회사의 아이템과 김 대표의 비전을 잘 봐준 사람들이 투자자로 나섰다. 일이 많아져서 직원을 뽑기 시작했고, 김 대표는 각종 서류 업무에서 해방되어 실무에만 신경을 쓸 수 있었다. 결국 3년째 되던 해 대박이 났고, 사무실을 조금 큰 곳으로 옮기면서 직원을 10명 정도 더 뽑게 되었다. 직원이 많아지니 회의가 필요해졌다. 김 대표는 직원을 모아서 회의 안건을 말했고, 직원들의 의견을 듣고자 했다. 자신이 혼자 하던 일을 사람들과 함께 고민하고 결정하려는 시도였기에 김 대표는 기대를 많이 했다. 김 대표와 달리 직원들은 회의에 별로 집중하지 않는 것처럼 보였다. 핸드폰을 보거나 딴청을 피우는 직원도 있었다. 그러다가 안건에 대해 자신의 생각을 말하겠다고 어떤 직원이 나섰다. 그런데 그 직원이 실실 웃으면서 농담조로 논점에서 빗나간 이야기를 하는 것이 아닌가! 김 대표는 버럭 화를 냈다.

"지금 뭐 하는 거예요? 회의가 장난인 줄 알아요?"

순간 회의장은 찬물을 끼얹은 듯 조용해졌다. 김 대표는 직전 직장이 생각났다. 스스로가 꽉 막히고 권위적인 상사들과 다를 바 없게 느껴졌다. 김 대표 자신도 놀라고 당황한 나머지 일단 회의를 마무리했다. 그리고 이대로는 안 되겠다는 생각이 들어 다음 날 다시 회의를 소집했다.

먼저 김 대표는 전날 자신의 태도에 대해 직원들에게 사과하고, 앞으로는 이런 일이 발생하지 않도록 하겠다고 약속했다. 그리고 전날 마치지 못한 회의를 계속하자고 했다. 그러면서 직원들에게 회의 안건에 대해 자유롭게 이야기해 보자고 제안했다. 그럼에도 직원들은 꿀 먹은 벙어리처럼 서로를 멀뚱하게만 쳐다보았다. 아무런 말이 없자 김 대표는 다시 직원들에게 재차 사과와 약속을 하면서 의견을 내달라고 읍소

했다. 그럴수록 회의 분위기는 더 냉랭해졌다. 이렇게 1시간이 지나자 김 대표는 분노를 폭발시켰다.

"야! 너희들 도대체 뭐 하자는 거야! 내가 이렇게까지 이야기를 했으면 뭔가 반응을 해야 할 것 아니야! 지금 나 무시하는 거야? 도대체 의도가 뭐야?"

행동 변화를 위해 필요한 것

많은 취준생들이 입사를 꿈꾸지만, 정작 입사에 성공하면 퇴사를 꿈꾼다. 기가 막힐 노릇이다. 왜 힘들고 어렵게 취직한 회사를 그만두고 싶어 할까? 이유는 여러 가지다. 적성과 일이 맞지 않는다거나 급여가 적어서일 수도 있다. 하지만 가장 중요한 이유 중 하나는 직장의 조직문화가 너무 숨 막히고 적응하기 어렵기 때문이라는 것이다. 공공기관이든 사기업이든, 대기업이든 중소기업이든 상관없다. 어느 회사든 직장의 조직문화는 적응하기가 어렵다. 왜일까?

사실 직장에 들어가기 전까지는 비슷한 연배와 함께 생활을 한다. 초중고등학교의 경우 동갑내기들과 함께 수업을 듣는다. 물론 동아리 활동은 자신보다 나이가 많거나 적은 선후배들과 함께 어울리기는 해도 그래봤자 한두 살 위아래다. 대학이나 군대에서는 이보다 연령 차이가 조금 더 나는 사람들과 함께하지만, 같은 학생 혹은 병사라는 신분이기 때문에 통하는 부분이 있다. 즉 입사하기 전까지는 10살, 20살 정도 차이가 나는 사람들과 함께 일을 해 볼 기회가 흔치 않다.

게다가 직장은 관심사도, 스타일도, 배경지식도, 놀이문화도 너무 다른 사람들이 같은 공간에서 공동의 목표를 위해 함께 일하는 곳이다. 또 직장은 성과를 내야 하는 곳이다. 말도 통할 것 같지 않은 사람들과 함께 일을 하고, 성과를 내야 한다니! 이뿐 아니다. 누가 먼저 직장에 들어왔느냐에 따라 자연스레 위계가 갈린다. 이에 더해 전문성의 차이, 경력의 차이, 위계의 차이, 책임의 차이가 평등하고 솔직한 소통을 방해한다. 당연히 자신의 생각을 자유롭게 표현하는 것조차 금기시된다. 결국 직장 초년생들은 이런 조직문화를 힘들어할 수밖에 없다.

이런 갑갑한 조직문화를 바꾸기 위해 필요한 것은 무엇일까? 조직 구성원들이 보다 적극적으로 자신의 의견을 자유롭게 개진하게 만들려면 무엇이 필요할까? 사람들은 행동변화를 위해 필요한 것으로 의지와 결심, 노력을 꼽는다. 또 적극성, 자발성, 외향성, 태도와 자세, 의도를 중요시하는 사람도 있다. 어쨌든 대부분의 사람들은 개인의 특성이 바뀌어야 행동이 바뀐다고 생각한다. 이 말을 뒤집어보면, 행동이 바뀌지 않는 이유를 개인의 특성에서 찾는다는 것이다. 그래서 김대표 역시 회의 시간에 장난스럽게 말하는 직원의 '태도'를 지적했고, 조직문화를 바꿔보자며 다시 모였을 때는 침묵하는 직원들의 '의도'를 지적했다.

어디 김 대표뿐이겠는가? 사람들은 너무나 당연하게 행동이 개인의 특성에 달려 있다고 생각한다. 그러나 쿠르트 레빈은 다르게 생각했다. 행동은 개인의 특성에만 달려 있는 것이 아니라, 그가 처한 환경 역시 중요하게 영향을 미친다고 말이다. 쉽게 말해 같은 사람들이 모여서 회의를 하더라도, 딱딱한 의자와 사무용 책상에 둘러앉을 때보다는 바닷가 모래사장에 둘러앉을 때 훨씬 많은 이야기가 오고 갈 수 있다는 것이다. 또 직접 대면으로 회의를 할 때와 온라인으로 회의를 할 때는 분명 차이가 존재할 것이다. 직접 말로 하기보다는 각자의 생각을 종이에 적게 하면 또 다르다. 비공개로 회의할 때와 공개적으로 회의할 때도 마찬가지다. 행동이 개인의 특성뿐 아니라 환경의 영향을 받는다는 레빈의 주장을 공식으로 나타내면 다음과 같다.

$$B = f(PE)$$

이 공식은 수학 공식이 아니다. 레빈의 주장을 간단명료하게 표현한 것이다. 인간의 행동Behavior은 개인Person과 환경Environment의 함수function라는 뜻이다. 레빈이 활동하던 20세기 초반 심리학자들은 인간의 행동을 설명하기 위해 개인의 마음에만 집중했다. 환경이 미치는 영향을 고려하던 사람은 없었다. 레빈이 첫 번째 사람이었다. 이 때문에 레빈은 사회심리학의 아버지라고 불린다.

사회심리학이란 사람의 행동에 미치는 환경의 영향을 연구하는 분야다. 사회심리학을 제외한 다른 분야들은 환경보다는 행동에 미치는 마음을 주로 연구한다. 예를 들면 기억과 판단, 동기와 정서, 의식과 무의식이다. 반면 사회심리학자들은 어떤 사람이 혼자 있을 때와 누군가와 함께 있을 때, 또 군중 속에 있을 때와 친밀한 사람들 사이에 있을 때 어떻게 행동하는지를 연구한다. 더 나아가 사회심리학은 문화의 차이가 어떤 식으로 생각과 행동의 차이를 만들어내는지를 연구하는 문화심리학과도 연결된다.

그렇다면 레빈의 입장에서는 조직문화를 바꾸기 위해서 무엇을 해야 할까? 레빈을 비롯한 사회심리학자들은 행동을 바꾸기 위해서는 개인의 특성뿐 아니라 개인에게 미치는 환경의 영향을 고려해야 한다고 조언할 것이다.

변화를 위해선 환경을 바꿔야 한다

레빈은 개인이나 집단이 처한 심리적 환경을 장場, field이라고 표현했다. 본래 장이라는 개념은 물리학에서 사용하던 것으로, 물체에 영향을 미치는 공간을 의미한다. 이 공간은 아무것도 없는 무無의 상태가 아니라 물체에 영향을 미치는 힘forces이 존재하고 있다. 물리학을 잘 모르는 사람도 한 번쯤은 들어

봤을 자기장이 가장 대표적이라고 할 수 있다. 자기장은 자석이나 전류에 의해 자기력이 작용하는 공간을 말한다.

레빈은 이 개념을 심리학에 응용했다. 개인의 행동에 영향을 미치는 것은 그가 처한 환경, 즉 장이라고 했다. 그리고 그 장에는 두 힘, 즉 새로운 변화를 추구하는 힘인 추진력driving force과 기존의 행동을 고수하고 변화에 저항하는 힘인 억제력restraining force이 존재한다고 말했다. 현재 나타나는 행동은 두 힘이 적절한 균형을 이루는 지점에서 나타나는 것이다.

레빈은 추진력과 억제력이 인간의 행동에 얼마나 강력하게 영향을 미치고 있는지 알기 위해서는 변화 과정을 겪어보는 것이 중요하다고 주장했다. 세상만사 언뜻 보면 모든 것이 자연스럽고 안정돼 보인다. 그래서 두 힘의 존재를 분명히 인식하기가 어렵다. 하지만 현재의 행동을 변화시키려고 하면 그 행동에 영향을 미치고 있는 두 힘의 위력을 분명하게 느낄 수 있다. 이런 면에서 레빈은 "변화시키고자 노력해야만 이해할 수 있다"고 말했다. 대부분의 사람들이 '이해해야만 변화시킬 수 있다'고 생각하는 것과 정반대다.

김 대표가 경험했던 조직문화를 예로 들어보자. 만약 김 대표가 대기업의 조직문화를 경험하지 않았다거나 자신이 창업한 스타트업의 조직문화를 바꾸려고 시도하지 않았다면, 활발하게 의견을 주고받아야 하는 회의에서 침묵하는 행동을 그저 개인의 습관이나 조직의 관습 정도로 치부해버리고 말았을 것이다. 그러나 김 대표가 이런 조직문화를 바꾸려고 하자,

조직문화를 둘러싼 두 힘을 분명히 이해할 수 있게 됐다. 다시 말해, 같은 팀 선배도 느끼고 있듯이 보다 바람직한 회의 분위기를 만들기 위해서 침묵을 깨고 활발하게 의견을 주고받으면서 의사소통을 하고 싶어 하는 힘(추진력)도 확인할 수 있었고, 반면 꾸중을 받거나 일을 떠안을까 봐 자신의 의견을 적극적으로 드러내거나 말하지 않으려는 힘(억제력)도 확인할 수 있었다.

모든 행동에는 언제나 추진력과 억제력이 영향을 미친다. 행동을 둘러싼 장에서, 행동에 미치는 힘을 제대로 이해하지 못하는 사람들은 변화를 아주 쉽게 생각한다. 이들은 자신보다 높은 자리에 있는 사람의 행동이 잘못되었다고 판단하면서, 자신이 저 자리에 오르게 된다면 저렇게 행동하지는 않을 것이라고 확신한다.

대기업에 다니면서 너무 힘들었던 김 대표도 그래서 퇴사를 하고 창업을 했다. 자신이 창업에 성공해 많은 직원을 거느리게 된다면 새로운 조직문화를 만들 수 있을 거라 확신했을 것이다. 현실은 달랐다. 직원을 거느리게 된 김 대표도 자신의 직위를 이용해 직원들을 누르려고 했다. 자신이 싫어했던 상사의 모습을 재현한 셈이다. 심지어 수평적 조직문화를 만들어 보자면서 회의를 재개한 상황에서도 직원들을 꾸짖으면서 위계적 조직문화를 직접 만들었다.

어디 김 대표뿐일까? 다수의 젊은이들은 직장에 들어가서 자신의 생각만 이야기하고, 상대의 이야기를 들으려 하지 않는 윗세대를 '꼰대'라면서 비난한다. 자신들은 절대로 저렇게 되지 않을 거라고 확신한다. 그러나 시간이 지나 자신들이 윗세대가 되고 신참들이 들어오면, 신참들이 문제라고 생각하고 말을 못 알아듣는다고 비난한다. 어느 순간 자신도 꼰대가 된 것이다. 특히 요즘은 직장에서 경력이나 나이보다는 능력으로 승진을 하는 경우가 많다. 그래서 나이 어린 사람이 자신보다 나이가 많거나 동년배인 직원들을 관리하기도 하는데, 이들도 별다르지 않아 '젊은 꼰대'라 불린다.

어떤 이들은 조직의 구성원 모두가 같은 마음이면 변화가 쉬울 거라고 생각한다. 만약 김 대표가 이런 생각을 가지고 직원들을 일대일로 만나서 수평적 조직문화에 대해 설명하고 동의를 구한다면 어떻게 될까? 직원들은 대표의 제안을 거절하기 어려울 것이다. 이때 김 대표 입장에서는 모두가 동의했으니 변화는 식은 죽 먹기라고 생각할 수 있다. 그래서 회의를 소집해 직원들에게 "모두가 동의한 대로 이제는 회의에서 자신의 의견을 편하게 이야기해 봅시다. 수평적 조직문화를 만들어 봅시다. 시작!"이라고 선언하면 모두들 기다렸다는 듯이 활발하게 자신의 의견을 개진할 수 있게 될까? 아니다. 오랜 시간 동안 지속되었던 행동을 단순한 동의만으로 변화시키기는 어렵다.

행동의 변화는 단지 개인의 결심과 노력만으로 가능하지 않다. 그래서 변화를 위해서 레빈은 행동에 영향을 미치는 추진력과 억제력을 고려하라고 말한다. 김 대표가 원하는 수평적 조직문화를 만들려면 우선 현재 행동이 유지되도록 하는 두 힘의 영향을 정확히 파악해야 한다. 먼저 수평적 조직문화라는 새로운 목표를 향한 추진력이 무엇인지 따져 보자. 기업은 이윤을 추구하는 조직이다. 이윤을 추구하기 위해서는 일의 효율성이 중요하고, 일을 효율적으로 하기 위해서는 여러 구성원들이 정확하고 신속하게 서로의 의견을 공유할 수 있어야 한다. 여러 사람이 일을 하는 데 있어서 의사소통이 자유롭고 원활해야 일의 효율이 높아지고 더 많은 이윤을 추구할 수 있게 된다.

추진력만 생각하면 변화는 매우 당연해 보인다. 그런데 새로운 목표로 나아가지 못하고, 현재의 문제 행동이 지속되는 이유는 억제력 때문이다. 억제력은 어떻게 작동할까? 우선 회사에서는 의견을 개진한 사람이 일을 떠맡는 경우가 많다. 이 때문에 침묵하는 사람들이 적지 않다. 또 회의에서 의견을 말하게 되면 회의 시간이 길어지고, 결국 자신의 개인 업무를 처리할 시간이 줄어들어 여러모로 손해가 된다.

이렇게 개인적인 이유 말고, 문화적인 이유도 중요한 억제력이다. 우리나라는 집단주의 문화로 어린 시절부터 말조심해야 하고, 주변의 눈치를 살펴야 하며, 남을 배려하지 않고 자기 주장하는 것을 이기적인 행동이라고 배웠다. 또한 위계를 중요시하는 분위기라서 어디를 가든 나이나 경력, 직급을 따지면서 위아래를 구분하는 경향이 있다. 아랫사람은 윗사람에게 공손해야 하고 반론을 제기하면 안 되며, 윗사람도 아랫

사람을 배려하고 존중해야 하는 것을 당연시하며 살아왔다. 이 때문에 위아래를 구분하기 시작하면 편안하고 솔직한 의사소통은 불가능해진다.

모든 행동에는 추진력과 억제력이라는 상반된 힘이 영향을 미치고, 이 두 가지 힘이 균형을 이루는 지점에서 행동이 발생하고 지속된다. 김 대표가 경험했던 조직문화, 즉 회의 시간에 사람들이 보인 행동도 마찬가지다. 소통을 지향하는 추진력과 변화에 저항하는 억제력이 사람들로 하여금 회의에서 말은 하되, 꼭 필요한 말만 하도록 한 것이다.

변화는 세 단계로 이뤄진다

변화를 향해 나아가고자 하는 힘과 변화에 저항하려는 힘의 균형이 현재의 행동을 만들어낸다면, 어떻게 변화를 일으킬 수 있을까? 레빈은 개인이나 조직이 변화하기 위해서는 3단계의 과정이 필요하다고 말한다. 해빙unfreezing, 이동moving, 재결빙refreezing이다.

첫 번째 단계인 해빙이란 그동안 고수해 왔던 신념과 가치관을 포기하는 일, 즉 변화에 대한 억제력을 약화시키는 일이다. 기본적으로 사람은 기존의 것을 고수하려는 경향이 강하다. 그래서 제아무리 좋은 방향으로 가자고 하더라도, 기존의 익숙한 것을 포기하라고 하면 주저한다. 많은 조직이나 개인이 변화에 실패하는 이유가 첫 번째 단계를 무시하기 때문이다. 보통 조직에서 변화의 필요성을 느끼는 것은 관리자들이다. 그래서 관리자들은 조직 구성원들에게 변화의 목표를 제시하지만, 구성원들이 기존의 방식과 가치관, 신념을 포기할 준비가 되어 있지 않다면 반발이 클 것이다.

그렇다면 어떤 방법으로 해빙을 초래할까? 레빈은 2차 세계대전 중 미국 농무부로부터 한 가지 프로젝트를 의뢰받았다. 전쟁 중 식량난 부족을 해결하기 위해 가정주부들이 가축의 내장고기(신장, 간, 심장, 창자 등)를 식탁에 올리도록 하는 것이었다. 우리나라는 예로부터 돼지와 소의 내장고기를 식용으로 섭취해왔으나, 미국의 경우 내장고기를 섭취하는 이들은 저소득층뿐이었다. 내장고기가 식탁에 오르려면 가정주부들의 인식이 바뀌고 결단이 필요했다.

레빈은 우선 가정주부들과의 인터뷰를 통해 행동 변화에 영향을 미치는 두 가지 힘을 확인했다. 추진력은 내장고기가 고단백질 식품이라는 사실이다. 반면 억제력은 내장고기가 가족들이 먹기에는 부적합하고, 맛도 좋지 않을 것이라는 인식이었다. 레빈은 억제력을 약화시키기 위해, 즉 기존의 신념을 해빙하기 위해 어떤 방법이 좋을지 실험을 진행했다. 주부들을 두 집단으로 나누어 한 집단은 내장고기가 몸에 이롭다는 내용의 강의를 듣게 했고, 또 다른 집단은 내장고기 소비와 식량난 문제 해결에 대해 토론하도록 했다. 그 결과, 강의 집단은 해빙의 효과가 없었지만 토론 집단의 경우 1/3의 주부들이 태도를 바꾼 것으로 나타났다. 일방적으로 누군가의 이야기를 듣는 것보다는 자발적으로 자신의 생각을 말하도록 하는 것이 해빙의 중요한 방법이 될 수 있음을 보여준 실험이었다.

기존의 신념을 내려놓게 된다면 그다음은 새로운 행동으로 이동할 차례다. 이 두 번째 단계는 사람들에게 혼란을 가져다준다. 첫 번째 단계는 단지 신념의 문제이지만, 두 번째 단계는 실제 행동의 문제이기 때문이다. 앞서 언급했던 레빈의 프로젝트에서 가정주부들이 값도 싸고 영양가도 높은 내장고기를 식탁에 올리기로 결정했을 때, 현실적으로 부딪히는 문제가 있었다. 내장고기의 조리 방법을 익히고 가족을 설득하는 일이었다. 이를 위하여 레빈은 전문가를 초빙해 조리 방법을 알려주었고, 가족을 설득할 수 있는 자료와 내용을 전달해 주었다.

이처럼 두 번째 단계에서는 새로운 기술의 학습이 필요하다. 또한 낯선 행동을 할 때 겪게 되는 불가피한 시행착오를 예상하게 하고 시행착오 시 문제 해결 방법도 알아야 한다. 무엇보다 기존의 신념과 행동을 버리고, 새로운 시도와 도전을 하는 것이 얼마나 가치 있고 중요한 일인지 계속 전달해 주어야 한다.

변화가 시작되었다고 안심할 수는 없다. 변화가 일시적으로 그치지 않고 장기적으로 지속되어 효과를 거두려면 새로운 신념과 행동이 정착되어야 한다. 이를 가리켜 재동결이라고 한다. 재동결이 제대로 일어나려면 변화의 효과가 나타나야 한다. 가족의 식탁에 내장고기를 올린 주부라면 가족들이 고기를 좋아하는지, 먹은 후에 몸에 별 이상은 없는지 살펴볼 것이다. 이때 가족이 치킨이나 스테이크를 먹을 때보다 건강해 보이지 않다거나 가족들의 반발을 크게 사게 된다면 내장고기를 포기할 것이다. 그러나 가족이 내장고기로 만든 음식을 좋아하고, 몸에 별 이상도 없고 모두 건강해 긍정적 결과를 얻게 되었다면 주부는 내장고기를 계속 식탁에 올리게 되면서 새로운 변화에 완벽히 적응하게 될 것이다.

이상의 과정을 김 대표의 회사에 어떻게 적용시킬 수 있을까? 우선 김 대표가 생각한 수평적 조직문화가 회사에 자리를 잡게 하려면, 해빙 단계를 거쳐야 한다. 그냥 일방적으로 설명하고 설득하는 방식이 아니라 직원들이 조직문화에 대해 어떻게 생각하는지 자유롭게 이야기할 수 있도록 해야 한다. 기존의 조직문화가 싫거나 불편한지, 그리고 새로운 조직문화가 필요한지 자발적으로 토론하는 것이 좋다. 만약 김 대표가 함께하는 자리에서 직원들이 자유롭게 토론하는 것이 불가능하다고 판단된다면, 개인의 의지와 노력에 호소해서 "그래도 이야기해 봐!"라고 강요하기보다는 환경을 바꿔주는 것이 좋다. 예를 들어 김 대표가 자리를 비켜주거나, 아니면 무기명으로 자신의 생각을 종이에 적든지, 익명 채팅창을 열어서 의견을 개진하도록 할 수 있다.

이런 과정을 통해 모든 직원이 기존의 갑갑한 조직문화에 대한 신념을 포기하면, 즉 변화에 대한 억제력을 약화시키게 된다면 얼마나 좋겠는가! 하지만 레빈의 실험에서도 그랬듯 모두가 해빙을 경험하기는 어렵다. 그래서 해빙이 된 사람과 그렇지 않은 사람을 구분하고, 해빙이 된 사람들에게 수평적 조직문화에 필요한 기술을 교육할 필요가 있다. 보통 관리자들은 조직 구성원들에게 "편하게 이야기해"라고 말하지만, 지금까지 살아오면서 위계가 분명한 상황에서 편하게 이야기해 본 적이 없는 사람들에게는 실현 불가능한 일이다. 따라서 의사소통 기술을 훈련시켜야 한다. 구체적으로는 회의 안건을 정확히 이해하는 방법, 자신의 의견을 명료하게 발표하는 방법, 또 상대의 의견을 존중하면서 자신의 의사를 분명하게 전달하는 대화법, 긴장을 푸는 이완법 등이다.

구성원들뿐만 아니라 관리자에게도 교육과 훈련이 필요하다. 어떤 관리자들은 불쾌한 감정을 노골적으로 드러내 함께 일하는 사람들을 힘들게 한다. 이럴 경우, 감정을 조절하는 방법을 배워야 한다. 그리고 회의를 효율적으로 진행하는 방법도 필요하다. 회의의 분위기는 어떻게 회의를 시작하느냐에 따라 좌지우지되기 때문이다. 또한 누군가가 용기 내서 솔직하게 자신의 의견을 개진했을 때, 그 사람에게 집중하면서 불필요한 의견은 가지를 쳐가면서 결론을 도출해 주는 방법도 교육과 연습, 훈련이 필요하다.

이런 변화가 지속되기 위해서는 재동결의 과정이 필요하다. 구성원들이 자유롭게 자신의 생각을 이야기했을 때 그 생각이 실제로 회의 결과에 반영된다면 가장 좋을 것이다. 만약 반영은 안 되더라도 구성원이 존중받는다고 느껴지도록 하는 것이 중요하다. 이렇게라도 일부 조직 구성원들의 변화가 시작되고, 그 변화가 좋은 결과로 이어지면 다른 구성원들의 행동도 변할 가능성이 높다. 변화에 대한 추진력이 강해지고, 억제력이 약해지기 때문이다.

환경의 영향은 생각보다 크다

‡

레빈 이전의 심리학자들은 행동이 개인의 의지와 노력에 달려 있다고 생각했지만, 레빈은 개인의 환경도 고려해야 한다고 말했다. 레빈 이후, 환경의 중요성에 주목하는 심리학자들이 나타나기 시작했고, 이를 연구와 실험으로 증명하기 시작했다. 결국 환경이 인간의 행동에 미치는 영향을 연구하는 사회심리학이 심리학의 하위 분야로 자리 잡게 되었다. 이제 사회심리학에서 가장 유명한 세 가지 실험을 소개하려고 한다.

먼저 셰리프Muzafer Sherif는 1930년대 자동운동 현상autokinetic phenomenon을 이용해 환경의 영향을 증명했다. 자동운동 현상이란 주변 사물을 인식할 수 없을 정도로 어두운 곳에서 고정된 불빛을 보면, 마치 불빛이 움직이는 것처럼 보이는 일종의 착시다. 안구가 미세하기 움직이면서 망막에 맺힌 불빛의 위치가 변하기 때문에 나타나는 현상이다.

실험자는 암실의 한쪽 벽에 작은 불빛을 비추고 세 명

의 참가자를 각각 불러서, 불빛이 움직이는지 확인해 달라고 했다. 참가자들은 불빛이 움직인다고 말했고, 실험자는 어느 정도 움직이는지 말해달라고 했다. 세 명이 보고한 값은 차이가 많이 났다. 그다음 날도 같은 실험을 진행했다. 그런데 이번에는 참가자 세 명을 함께 불러서, 다른 참가자들의 추정치를 듣게 했다. 다른 참가자의 대답을 들은 이들은 자신의 추정치를 다른 참가자와 비슷하게 수정했다. 다음 날도, 그다음 날도 같은 참가자들을 대상으로 같은 실험을 진행했는데, 결국 마지막 날 세 사람은 모두 동일한 추정치를 보고했다. 불확실하고 애매한 상황에서 자신의 주관을 버리고 타인의 의견을 따라가는 경향을 보인 것이다.

대략 20년 후, 심리학자 애쉬Solomon Asch는 세리프의 실험 결과가 당연하다고 생각했다. 상황 자체가 애매하고 모호해 타인의 의견을 참고할 수밖에 없다고 본 것이다. 그러면서 애매하지 않은 상황이라면 어떨지 궁금했다. 즉 자신의 판단을 확신할 수 있는 상황에서도 주변 환경의 영향을 받는지 알아보기 위해 실험을 고안했다.

실험자는 사람들을 커다란 책상에 둘러앉게 한 후, 두 개의 그림을 보여주었다. 그리고 왼쪽 그림의 선분이 오른쪽 그림의 세 선분 중 어느 것과 같은지 말해달라고 했다. 시력에 문제가 있지 않은 이상, 왼쪽 선분은 C와 동일하다는 것을 명백히 알 수 있었다.

실험자는 자신의 왼쪽에 앉아 있던 참가자부터 순서대

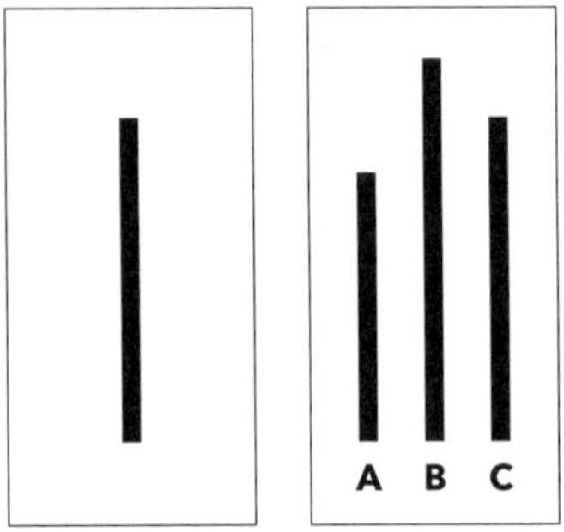

로 답을 말해달라고 했다. 이때 첫 번째 참가자는 A라고 답했다. 이후 마지막 참가자를 뺀 나머지 사람들은 모두 A라는 오답을 말했다. 드디어 마지막 차례였다. 모두가 오답을 말한 상황에서 그는 어떤 대답을 했을까?

사실 마지막 참가자를 제외한 다른 이들은 실험자로부터 미리 부탁을 받은 협조자들이었다. 그래서 오답을 말한 것이다. 모두가 틀린 답을 말했을 때 진짜 참가자는 어떻게 반응하는지를 알아보기 위한 실험이었다. 결과적으로 전체 참가자들의 37%가 오답에 동조했다. 한 번이라도 오답에 동조한 사람들은 75% 정도였다. 애쉬는 이 실험으로 무엇이 옳고 그른지 분명한 상황에서도 사람들은 환경의 영향을 받아 틀린 선택을 할 수 있음을 증명했다.

애쉬의 조교로서 이 실험을 도왔던 밀그램Stanley Milgram은 오답에 동조한 참가자들을 이해할 수 있었다. 오답에 동조한다고 해서 누군가가 피해를 입거나 큰 문제가 생기는 것도 아니니, 이왕이면 타인의 의견을 따르는 것이 마음 편한 일이라고 생각했다. 그러나 타인의 의견을 따르는 것이 누군가에게 큰 피해를 입히는 상황이라면 사람들은 어떻게 반응할까?

수년 후, 대학 교수가 된 밀그램은 이 질문에 대한 답을 찾기 위해 실험을 고안했다. 학습과 기억에 대한 연구를 한다면서 참가자들을 모집했다. 참가자들은 2인 1조로 실험에 참여했다. 실험자는 교사와 학생 역할을 정해야 한다며 제비를 뽑게 했다. 한 사람은 학생, 다른 사람은 교사 역할을 맡았다. 실험자는 교사가 학생에게 일련의 단어쌍(동물-사과)을 불러주면 학생은 가능한 많이 암기해야 하고, 이 과정이 끝나면 얼마나 기억했는지 확인하기 위해 교사가 질문(동물)과 보기(① 자동차, ② 과자, ③ 간판, ④ 사과)를 제시할 것이라고 했다. 이때 학생이 정답을 말하면 교사는 그다음 문제로 넘어가지만, 오답을 말하면 교사는 학생에게 전기충격을 가해야 한다고 설명했다.

실험자는 학생을 실험실 옆방에 준비된 전기충격 장치가 설치된 의자에 앉게 한 후, 전기충격을 피하지 못하도록 묶었다. 교사는 이 모든 과정을 지켜보았다. 그다음 실험자는 교사를 실험실로 데리고 와서 전기충격기가 놓여 있는 책상에 앉게 했다. 전기충격기에는 15V부터 450V까지 15V 간격으로 버튼이 있었다.

실험이 시작되었다. 두 참가자는 다른 방에 있었기 때문에 서로를 볼 수는 없었고, 오로지 마이크와 스피커로만 소통할 수 있었다. 교사가 일련의 단어쌍을 불러주고 학생은 암기를 해야 하는 학습 절차가 끝나고, 확인 절차가 시작되었다. 초반에는 학생이 정답을 말했지만, 시간이 지날수록 계속 오답을 말했다. 교사는 실험자의 지시대로 전기충격을 가하기 시작했다. 자신과 같은 처지인 참가자에게 전기충격을 주어야 하다니! 끔찍한 일이었다. 게다가 학생은 120V의 전기충격을 받았을 때 고통스럽다며 소리를 질렀고, 150V에서는 실험을 멈춰달라고 요구했고, 180V에서는 울부짖었다. 교사는 죄책감을 느낀 나머지 실험자에게 그만두겠다고 말했지만, 실험자는 모든 책임은 자신이 질 것이니 계속하라고 단호한 태도로 말했다. 결국 300V에서 큰 비명이 들린 후, 330V부터는 아무런 소리도 나지 않았다. 기절했거나 심장마비로 쓰러졌을지도 모르는데도, 실험자는 실험을 계속하라고 요구했다.

결과는 충격적이었다. 실험에 참가한 40명 중 300V 이전에 실험을 그만둔 사람은 없었다. 300V 이후부터는 실험을 중단하는 사람들이 나오기 시작했지만, 26명은 가장 높은 450V까지 전기충격을 가했다. 어떻게 이런 일이 일어날 수 있을까? 사실 학생 역할을 맡은 사람은 진짜 참가자가 아닌 협조자였고, 실제로는 어떤 전기충격도 받지 않았다. 고통을 받는 것처럼 연기했을 뿐이었다. 하지만 진짜 참가자인 교사는 이 사실을 모른 채 진짜 전기충격을 가한다고 알고 있었다. 대학이라는 권위 있는 기관에서, 교수처럼 보이는 실험자가 모든 책임은 자신에게 있다면서 지시를 따르라고 강요하는 환경이 이렇게 끔찍한 일을 저지르게 한 것이다.

혹시 '나라면 안 그랬을 텐데'라고 생각하는가? 당신은 여전히 환경의 영향을 무시하고 있는 것이다. 어떤 상황에서 옳은 선택을 하기 위해 필요한 것은 자신의 의지와 판단이 아니다. 환경이 미치는 영향을 정확히 인식하는 것이다. 그래야만 매 순간 자신의 행동이 스스로의 선택인지, 아니면 환경의 영향 때문인지를 구분할 수 있다.

레빈이 말하는 인간의 마음

⁜

1. 마음은 환경의 영향을 받는다

일찍이 물리학자들은 모든 물질이 시공간이라는 환경의 영향을 받는다는 것을 밝혀냈다. 레빈은 인간의 마음도 그렇다고 주장했다. 어떤 상황에 있느냐, 누구와 함께 있느냐, 어떤 분위기에 있느냐 등 개인이 처한 환경은 마음에 영향을 끼친다고 했다.

그러나 여전히 마음을 의지와 노력만으로 바꿀 수 있다고 착각하는 사람들이 많다. 어떤 상황에서도 마음만 굳게 다잡으면 뭐든 해낼 수 있다고 생각한다. 특히 자수성가한 사람들이 그렇다. 역경과 어려움을 딛고 성공한 것이 오로지 자신이 강하게 마음을 먹었기 때문이라는 논리를 편다. 이 때문에 자신보다 더 좋은 환경에 있는 사람들, 특히 자신의 자녀가 자신만큼 성공하지 못하면 비난을 퍼붓는다. 의지박약이라면서, 나약해 빠졌다고 말한다. 하지만 사실은 반대일 수 있다. 즉 역경과 어려움 때문에 더 열심히 살고자 하는 마음이 생겼던 것이다. 부모가 이미 성공했을 경우 자녀들은 오히려 무기력한 경우가 많다. 뭘 해도 부모와 비교되고, 부모보다 성공할 수 없을 것 같다는 두려움 때문이다. 또 부모의 경제력에 기대서 살 수도 있다는 생각이 들면 굳이 애써서 자신의 삶을 살아야겠다는 마음이 생기지 않기도 한다.

레빈 이후로 인간의 마음에 미치는 환경의 영향을 본격적으로 연구하는 사회심리학 분야가 생겨났고, 수많은 연구가 진행되었다. 그 연구들은 모두 같은 것을 말한다. 인간의 마음은 환경의 영향에서 자유로울 수 없다고.

2. 두 가지 힘이 행동에 영향을 미친다

마음이 구체적으로 환경의 영향을 어떻게 받는지에 대해 레빈은 두 가지 힘을 가정했다. 하나는 더 나아가기 위한 추진력이고, 또 다른 하나는 추진력과 반대로 머무르게 하는 억제력이다. 현재의 행동은 언제나 두 힘이 팽팽하게 균형을 이루는 지점에서 발생하게 된다. 따라서 현재의 행동을 바꾸기 위해서는 두 힘을 모두 고려해야 한다.

그런데 많은 이들은 두 힘의 존재도, 그것이 행동에 미치는 영향력도 잘 모른다. 왜냐하면 일관되고 꾸준한 행동만 눈에 보이기 때문이다. 이때 기존의 행동을 변화시키려고 하면 두 힘은 분명하게 드러난다. 특히 억제력의 위력을 실감할 수 있다. 억제력은 행동의 변화를 강하게 가로막고 있기 때문이다. 이러한 이유로 레빈은 변화시키고자 노력할 때, 행동에 영향을 미치는 두 힘을 이해할 수 있다고 말했다.

3. 마음을 바꾸려면 단계가 필요하다

많은 사람들은 현재보다 더 나은 변화를 이루어내는 것을 쉽게 생각한다. 합리적이고 논리적인 판단과 결단, 그리고 변화에 대한 동기인 추진력이 있으면 변할 수 있지 않겠냐는 것이다. 그러나 행동에 영향을 미치는 힘에는 추진력뿐 아니라 억제력도 있다. 억제력을 약화시키지 못하면 변화는 어렵다. 레빈은 마음을 바꾸기 위해서는 세 가지 단계를 거쳐야 한다고 주장했다.

첫 번째 단계는 기존의 신념과 가치관을 포기해야 하는 과정이다. 이를 가리켜 얼음이 녹는다는 뜻의 '해빙'이라는 표현을 사용했다. 얼음은 녹지 않은 상태에서는 딱딱한 고체다. 얼음을 의도적으로 깎아내지 않는 한 모양이 변하지 않는다. 새로운 모양으로 만들기 위해서는 먼저 얼음을 녹여야 한다. 어떻게 녹일 수 있을까? 녹이는 방법은 일방적 강의보다는 자발적 의견 표출과 토론이 좋다. 이를 통해 사람들은 자신들의 신념을 검토하고, 수정이 필요한지 생각해 보게 된다. 두 번째 단계는 새로운 행동을 시도해 보는 것으로, 레빈은 '이동'이라고 했다. 이동에서 중요한 것은 변화를 위해 필요한 기술을 학습하는 것이다. 마지막 세 번째 단계는 변화한 마음을 다시 얼리는 것으로, '재동결'이라고 한다. 변화에서 중요한 것은 지속 여부다. 지속되지 않고, 잠시 나타났다가 사라지는 변화는 재동결 과정에 실패한 것이라 할 수 있다.

레빈은 단계 설정을 통해 마음이 어떻게 작동하고, 어떻게 변화하는지를 설명해 주었다. 단계 중 어느 것 하나라도 제대로 거치지 않게 되면, 마음의 변화는 요원한 일이 될 것이다.

이성적인 인간은 존재하지 않는다

Chapter 10.

대니얼 카너먼

Daniel Kahneman

손해에 민감한 마음

‡

인터넷 쇼핑몰에서 MD(상품기획자)로 일하고 있는 소미는 '가비녀'로 불린다. 가격비교여왕의 준말이다. 그녀는 물건을 구입할 때 온라인 사이트와 오프라인 매장의 가격을 모두 조사해서 가장 저렴하게 구입한다. 이 사실을 알고 있는 소미의 지인들은 물건을 살 때마다 소미에게 도움을 청한다. 어떻게 보면 주변 사람들이 소미를 귀찮게 하는 것이 아니냐고 생각할 수 있다. 하지만 반대다. 소미는 사람들에게 이렇게 말하고 다닌다.

> "혹시 물건 구입할 일 있으면 저한테 연락하세요. 제가 가장 저렴하게 살 수 있는 사이트나 매장을 알려 드릴게요. 절대로

손해 보지 않으실 거예요."

소미가 처음부터 가비녀는 아니었다. MD로 일하면서 상품가격이 어떻게 책정되는지 알게 되었다. 대부분의 소비자들은 제조 원가와 유통 마진으로 상품가격이 정해진다고 생각한다. 소미도 그랬다. 그런데 일하면서 판매자들이 소비자의 지갑을 열기 위해 각종 방법을 이용한다는 것을 알게 되었다. 그래서 같은 물건에도 다른 가격이 책정되는 것이다. 소미는 그동안 살아오면서 싸게 구입할 수 있었던 물건을 비싸게 구입했을 수 있다는 생각에 속상했다. 이후로는 물건을 구입할 때 절대 손해 보지 않겠다고 결심했다.

많은 사람들은 소미처럼 인터넷 검색으로 가격을 비교한다. 아니면 가격비교 사이트에 들어가서, 한 번에 여러 가격을 비교하고 가장 저렴한 곳에서 구입을 한다. 이때 사람들은 온라인 사이트 위주로 비교를 하고, 또 공시된 가격만을 비교한다. 반면 소미는 오프라인 매장까지 비교할뿐더러, 공시된 가격을 넘어서 카드 할인은 물론 포인트 혜택까지 비교한다.

소미에게는 대학 친구 4명이 있다. 대학 졸업도, 입사 준비도 같이한 친구들이다. 네 사람은 아무리 바빠도 한 달에 한 번은 함께 시간을 보내고 있었다. 어느 날 친구 중 한 명이 꼭 사고 싶은 가방이 있다고 말했다. 그러자 소미는 기다렸다는 듯이 자신이 최저가로 알아봐 줄 테니 기다리라고 했다. 이때 장난기가 발동한 다른 친구는 이런 제안을 했다.

"그럼 3대 1일로 시합을 해 보자. 다음 주 토요일 밤 10시까지 최저가를 조사하자. 그래서 우리가 조사한 가격과 소미 네가 조사한 가격을 비교해서 진 쪽이 다음에 한턱내기로 하자!"

소미는 동의했다. 소미는 가비녀의 실력을 보여주겠다고 결심했고, 세 친구도 지지 않으려고 열심히 정보를 검색했다. 토요일 밤이 되자 단체 채팅방에서 가격표를 공개했다. 세 친구가 제시한 금액보다 소미는 무려 10만 원이나 저렴한 금액을 제시했다. 이때부터 친구들은 물건을 구입할 때마다 소미에게 도움을 요청했다. 그럴 때마다 소미는 즐거운 게임을 하듯이 친구들을 도와줬다.

물론 소미가 언제나 친구들을 도와주는 가비녀로 활동하는 것은 아니다. 회사에서 신상품이 출시되는 봄과 가을 시즌 두 달간은 친구들과 연락조차 잘 안 된다. 처음에 친구들은 소미의 행동을 이해하지 못했다. 회사가 바빠서 한 달에 한 번도 시간 내기 어렵다는 소미의 말이 믿기지 않았다. 그래서 친구들은 단체 채팅방에서 소미에게 "섭섭하다", "뭐가 그리 바쁘냐", "아무리 바빠도 그렇지 너무한 것 아니냐"는 말을 했다. 처음에 소미는 자기 입장에 대해 열심히 변명을 하다가 일언반구도 없이 갑자기 채팅방을 나가버렸다. 소미의 돌발행동에 놀란 친구들은 소미에게 전화를 걸었지만, 세 친구 모두 차단된 상태였다. 친구들은 너무 황당하고 놀랐지만, 어떻게 할 도리가 없었다. 한 달 정도가 지났을까? 소미는 세 명 중 가장 친하고, 마음이 너그러운 친구에게 문자로 연락했다.

> "정말 미안해. 많이 놀라고 화났지? 그때는 너무 바쁘고 힘들어서 그랬어. 다시 채팅방에 초대해 줘. 내가 상황을 설명할게."

친구들은 일단 소미를 다시 초대해서 소미에게 "도대체 뭐냐", "어떻게 그럴 수 있냐!"면서 화내고 따졌다. 소미는 무조건 친구들에게 잘못했다고 말했다. 친구들은 소미가 워낙 미안하다고 하니 일단 사과를 받아주기로 했다. 사실 이대로 소미와의 인연이 끝나는 것은 아닌지 걱정했던 마음도 있었기 때문이다. 친구들은 도대체 왜, 무슨 마음으로 그렇게 채팅방을 나가고 전화를 차단했느냐고 물었다. 소미의 대답은 이랬다.

> "그 순간에는 너무 화가 났어. 회사 때문에 너무 바쁜데 이해 못 해 주고, 계속 섭섭하다고 하는 너희들과 정말 인연을 끊어야겠다는 생각까지 들었어. 그런데 바쁜 시기가 지나고 다시 생각해 보니 나도 내가 왜 그렇게까지 화가 났나 싶더라고. 그래서 곰곰이 생각해 봤는데 아무래도 손해 보기 싫다는 생각이 들었던 것 같아. 쇼핑할 때만이 아니라 친구 사이에서도 내 시간과 에너지를 손해 보기 싫다는 게 좀 이상하지? 나도 지금 생각해 보면 이상한데, 그때는 정말 그게 너무 크게 다가왔어. 미안해."

이익과 손실에 대한 마음의 크기

‡

소미만큼은 아니더라도 사람들은 손해를 보고 싶어 하지 않는다. 만약 당신이 길을 가고 있는데, 갑자기 어떤 사람이 나타나서 당신의 손에 1만 원 한 장을 쥐여 주면서 게임을 제안한다고 가정해 보자. 그가 제시하는 게임의 규칙은 아주 간단하다. 동전을 던져서 앞면이 나오면 1만 원을 돌려줘야 하고, 뒷면이 나오면 2만 원을 더 주겠다는 것이다. 물론 게임을 거부하고 이미 받은 1만 원만 가질 수도 있다. 당신은 게임에 도전하겠는가, 거부하겠는가?

대부분의 사람들은 게임을 거부한다. 그 이유는 손해가 너무 싫기 때문이다. 게임을 거부하면 확실하게 1만 원을 벌 수 있다. 그러나 게임에 도전하면 50%의 확률로 더 많은 돈을 벌 수 있으나, 나머지 50%의 확률로 내 수중에 들어온 돈을 잃을 수 있다. 게임에 도전하면 손해 볼 가능성이 있지만, 게임을 거부하면 손해 볼 가능성이 사라진다. 돈을 더 벌 수 있는 상황에도 손해가 너무 싫기 때문에 거부하는 것이다.

어쩌면 너무나 당연하게 보이는 이런 마음을 체계적으로 연구한 사람이 카너먼이다. 카너먼은 자신의 동료 트버스키Amos Tversky와 함께 사람들이 손해에 얼마나 민감하게 반응하는지를 연구했다. 카너먼과 트버스키가 실시했던 실험 두 가지를 소개하겠다. 다음의 상황에서 당신은 어떤 선택을 할지 생각해 보라.

[상황 1]

주식이 급등하고 있다는 정보를 접한 당신은 여윳돈으로 주식에 투자하려고 전문가로부터 컨설팅을 받았다. 전문가는 두 개의 선택지를 주면서, 선택하라고 했다. 당신은 어떤 것을 선택하겠는가?

A : 3,000만 원을 벌 확률 100%

B : 4,000만 원을 벌 확률 80%, 한 푼도 벌지 못할 확률 20%

당신의 선택은 무엇이었는가? 카너먼과 트버스키의 실험에서는 80%의 사람들이 A를 선택했고, 나머지 20%가 B를 선택했다. 많은 사람들이 A를 선택한 이유는 동전 게임을 거부한 이유와 같다. A가 손해 가능성이 없기 때문이다. B는 80%의 확률로 더 큰 돈을 벌 수 있지만, 나머지 20%의 손해 가능성이 있다.

아시아 질병 문제Asian disease problem로 불리는 또 다른 실험을 살펴보자. 카너먼과 트버스키는 사람들이 불확실한 상황에서 의사결정을 할 때 경제학자들이 주장하는 것처럼 기댓값 혹은 기대효용값을 고려해 합리적으로 선택하지 않는다는 것을 증명하기 위해 이 실험을 고안했다. 그런데 이들이 제시하는 가정이 아시아에서 발생한 전염병이 사람들의 목숨을 빼앗아간다는 것이어서, 아시아에 대한 혐오나 편견을 조장한다는 비난을 받기도 한다. 어쨌든 다음의 상황에서 당신은 어떤 선택을 할지 생각해 보라.

[상황 2]

백신과 치료제가 없는 전염병이 유행 중이다. 전염병이 대략 600명의 목숨을 앗아갈 것이라고 예측한 과학자들은 이 문제를 해결하기 위해 두 가지 프로그램을 당국에 제안했고, 결정권자인 당신의 선택을 기다린다. 당신은 어떤 것을 선택하겠는가?

A : 200명을 살릴 수 있다

B : 600명을 살릴 확률이 1/3, 아무도 살리지 못할 확률이 2/3다

당신의 선택은 무엇이었는가? 사실 두 선택지의 기댓값은 동일하다. A도 200명이고, B도 200명(600명×1/3)이다. 따라서 기댓값에 따라 의사결정을 한다는 고전경제학에 따르면 사람들의 선택은 반반 정도가 되어야 한다. 놀랍게도 이 실험에 참가한 72%의 사람들은 A를, 나머지 28%는 B를 선택했다. 그 이유는 앞의 투자 상황과 동일하다. B에는 아무도 살리지 못할 확률, 즉 손해 가능성이 2/3 존재하기 때문이다. 물론 A 역시 400명은 살리지 못하기 때문에 손해로 생각할 수 있다. 그러나 A는 '살릴 수 있다'고 표현되어 있는 반면, B는 '살릴 확률'과 함께 '살리지 못할'이라는 표현도 있다. 손해가 분명히 명시되어 있는 것이다.

이상의 예에서 볼 수 있듯이 사람들은 더 큰 이득을 볼 수 있는 가능성을 외면했다. 동전 던지기에서는 1만 원보다 2

만 원을 더 벌 수 있는 50%의 가능성을, [상황 1]에서는 3,000만 원보다 1,000만 원을 더 벌 수 있는 80%의 가능성을, [상황 2]에서는 200명보다 400명을 더 살릴 수 있는 1/3의 가능성을 외면했다. 사람들이 이런 선택을 하는 이유는 마음이 손해에 민감하게 반응하기 때문이다. 이를 가리켜 카너먼은 손해(손실) 혐오loss aversion라고 했다.

손해를 싫어하는 마음 자체가 문제는 아니다. 진짜 문제는 이 마음이 너무 커서 종종 잘못된 판단과 실수를 하게 만든다는 사실이다. 명절에 가족과 친지들이 모이거나 혹은 친구들과 MT를 갔을 때 재미 삼아 돈을 걸고 화투나 포커, 윷놀이 등 게임을 하는 경우가 있다. 그냥 게임만 해도 재미있지만, 돈을 걸면 재미는 증폭되는 법이다. 그런데 처음에는 재미를 위해서 돈을 걸었지만, 게임이 진행될수록 분위기는 살벌해진다. 결국 재밌자고 시작한 게임은 서로 얼굴을 붉히면서 끝나는 경우가 다반사다.

이런 게임은 제로섬zero sum, 즉 승자의 득점(이익)과 패자의 실점(손해)을 더하면 제로(0)가 되는 게임이다. 일례로 A와 B 두 사람이 게임을 한다고 하자. A가 1만 원을 잃었다면, B는 1만 원을 번 것이다. 간단히 생각하면 A는 속상하고 기분이 안 좋고, B는 기분이 좋을 것이다. 이때 B가 좋은 기분만큼 A를 달래주면 감정적으로도 제로가 되어 별일 없어야 한다. 하지만 현실은 다르다. 1만 원을 번 B는 기분이 조금 좋고, 1만 원을 잃은 A는 기분이 상당히 나쁘다. 그래서 B가 A의 기분을 풀어주려고 하겠지만, 잘 풀리지도 않는다. 이 과정에서 B까지 기분이 상하게 된다. 자기가 A의 돈을 강탈한 것이 아니라 정정당당히 게임을 통해 돈을 벌었는데, 굳이 이렇게까지 해야 하나 싶기 때문이다. 두 사람은 사이가 틀어질 가능성이 높다.

카너먼은 연구를 통해 이익과 손해에 대한 심리적 반응의 크기를 비교했다. 그 결과, 이익에 대한 감정보다 손해에 대한 감정이 대략 2~3배 크다는 결론을 얻었다. 다시 말해 1만 원을 잃은 사람의 상한 마음을 달래서 게임 전처럼 감정이 상하지 않은 상태가 되려면, 상대는 적어도 2~3만 원 정도 벌어야 한다는 뜻이다. 물론 제로섬 게임에서는 잃은 돈과 번 돈의 액수가 같기 때문에, 돈을 잃어 감정이 상한 사람이 위로를 제대로 받을 수는 없다.

차라리 위험을 선택하는 사람들

사람들은 손해 보는 것을 싫어한다. 그래서 손해 가능성이 있는 불확실한 큰 이익보다는 손해 가능성이 없는 확실한 작은 이익을 추구한다. 이성적이고 합리적으로 생각해 보면 이상한 선택처럼 보이기도 한다. 이때 어떤 이들은 '불확실성'에 초점을 두면서 이런 결정이 이성적이고 합리적인 선택이 아니냐고 항변할지도 모른다. 과연 그럴까?

앞서 언급했던 실험이 이익의 관점이었다면, 카너먼은 동일한 내용의 실험을 손해의 관점으로 실시했다. 다음의 상황에서 당신은 어떤 선택을 할지 생각해 보라.

[상황 3]
돈을 벌기 위해 주식 투자를 했지만, 예상치 못한 악재로 주식이 폭락하고 있다는 정보를 접하고 다시 전문가로부터 컨설팅을 받았다. 전문가는 두 개의 선택지를 주면서 선택하라고 했다. 당신은 어떤 것을 선택하겠는가?
C : 3,000만 원을 잃을 확률 100%
D : 4,000만 원을 잃을 확률 80%, 한 푼도 잃지 않을 확률 20%

당신의 선택은 무엇이었는가? 카너먼과 트버스키의 실험 결과는 어땠을까? 이익의 관점에서 확실한 것을 선택했으니, 이번에도 확실한 것을 선택했을까? 아니다. C를 선택한 사람들은 8%에 불과했고, 나머지 92%가 D를 선택했다. 다시 말해, 확실하게 작은 손해보다는 불확실하지만 더 큰 손해를 보는 쪽을 선택한 것이다. 왜 그럴까? C는 확실하게 돈을 잃지만, D에는 한 푼도 잃지 않을 가능성이 비록 적지만 존재하기 때문이다. 이 역시 손해에 대한 혐오감으로 설명 가능하다. 결국 사람들은 확실성과 불확실성에 따라 움직이는 것이 아니라, 이익이냐 손해냐를 기준으로 움직인다.

이번에는 아시아 질병 문제다. 다음의 상황에서 어떤

선택을 할지 생각해 보라.

[상황 4]

전염병을 막기 위한 방법을 선택해서 실시했지만, 안타깝게도 전염병을 막기에는 역부족이었고 사망자가 늘어나는 상황이다. 과학자들은 이 문제를 해결하기 위해 두 가지 프로그램을 당국에 제안했고, 결정권자인 당신의 선택을 기다린다. 당신은 어떤 것을 선택하겠는가?

C : 400명이 죽는다

D : 아무도 죽지 않을 확률이 1/3, 600명 모두 죽을 확률이 2/3다

당신의 선택은 무엇이었는가? 앞의 경우처럼 이번에도 두 선택지의 기댓값은 동일하다. C도 400명이고, D도 400명(600명×2/3)이다. 다른 점이 있다면 앞의 경우는 '살린다'(이익)의 상황이었고, 이번에는 '죽는다'(손해)의 상황인 셈이다. 카너먼과 트버스키의 실험에서는 22%의 사람들이 C를 선택했고, 나머지 78%가 D를 선택했다. 이번에도 사람들은 확실하게 작은 손해보다는 불확실하지만 더 큰 손해를 보는 쪽을 선택한 것이다. 이처럼 손해에 대한 혐오감 때문에, 사람들은 종종 더 큰 위험을 선택하게 되는데 이를 가리켜 위험 추구risk seeking라고 한다.

이상의 내용을 정리하자면 이렇다. 이익 상황에서는

확실한 작은 이익을(불확실한 큰 이익보다) 선호한다. 이유는 손해 볼 가능성이 없기 때문이다. 그러나 손해 상황에서는 다르다. 불확실한 큰 손해를(확실한 작은 손해보다) 선호한다. 이유는 손해 보지 않을 가능성이 있기 때문이다. 인간은 합리적으로 판단하고 사고하는 것이 아니다. 확실성에 따라 움직이지 않는다. 액수의 크고 작음이 중요한 것도 아니다. 손해를 보지 않기 위해서는 무슨 짓이라도 하는 비합리적인 존재다.

소미의 행동도 이렇게 이해할 수 있다. 소미가 물건을 구입할 때 시간과 에너지를 투자해서 가장 저렴한 가격을 알아보는 이유는 손해에 대한 혐오감 때문이다. 손해 보기 싫은 마음에 그렇게 많은 시간과 노력을 기울인다. 물론 MD라는 직업 특성상 다른 사람들보다는 정보 수집과 가격 비교가 빠르겠지만, 문제는 이런 노력과 에너지가 금전적 이득에 비해 너무 크다는 것이다. 불과 몇천 원을 손해 보지 않으려 더 알차게 쓸 수도 있는 시간과 에너지를 낭비하는 꼴이다. 사실 소미는 미래에 대한 고민이 많다. 따라서 소미에게 가장 합리적인 선택은 귀한 시간과 에너지로 돈 몇 푼을 아끼는 것이 아니라, 자신의 인생 설계를 위해 일단 책상에 앉는 것일 수 있다.

그래도 여기까지는 괜찮다. 책상에 앉아 인생 설계는 커녕 딴생각만 할 수 있으니 차라리 몇 푼이라도 아끼는 것이 더 가치 있는 일일 수 있다. 하지만 신상품이 출시되는 봄과 가을이 되면 상황은 달라진다. 소미는 가비녀로 활동할 시간과 에너지가 없는 것은 물론이고, 심지어 친구들과 만나거나 채팅으로 이야기할 시간조차 아깝다고 느낀다. 그래서 소미는 확실한 작은 손해보다 불확실한 큰 손해를 선택한다. 소미에게 확실한 작은 손해는 직장에서의 실패이고, 더 큰 손해는 친구들과의 관계 단절이다.

어떤 사람에게는 직장에서의 성공이 친구들과의 관계보다 더 중요하겠지만, 소미는 다르다. 자신의 직장이 평생직장이라고 생각하지도 않을뿐더러, 일에 대한 애착이나 성공 욕구가 엄청나게 크지도 않다. 오히려 소미는 친구들과의 우정이 자신에게 더 중요하다고 생각한다. 그래서 나중에라도 친구들에게 손이 발이 되도록 빌면서 다시 관계를 회복하려고 했던 것이다.

그렇다면 왜 소미는 그렇게 중요한 친구들을 잠시나마 외면했을까? 자신이 바쁜 상황에서 친구들과의 시간을 보내는 것은 확실한 손해지만, 친구들과의 관계는 나중에라도 회복할 가능성이 있는 불확실한 손해이기 때문이다. 물론 이런 일이 반복되면 친구들은 소미를 끝까지 외면할 수도 있지만, 바쁜 시즌이 되면 소미는 역시나 당장의 손해를 막기 위해 친구들과의 관계에서 잠수를 타는 멍청한 선택을 할 것이다.

일상에서 자주 범하는 멍청한 선택들

손해에 대한 혐오감 때문에 멍청한 선택을 하는 사람이 비단 소미뿐일까? 아니다. 사람들은 대부분 소미와 비슷하게 행동한다. 큰 이익(손해의 가능성이 있는)보다는 작은 이익(손해의 가능성이 없는)을 추구하고, 작은 손해(피할 수 없는)보다는 더 큰 손해(피할 수도 있는)를 추구한다. 푼돈을 벌어 목돈을 쓰는 소위 소탐대실이다. 제아무리 스스로 합리적이고 이성적이라고 자부하는 사람도 마찬가지다.

손해가 싫어 더 큰 손해를 보는 모순적 상황이 가장 자주 벌어지는 곳은 주식 시장이다. 대부분의 투자자들이 실패하는 이유는 손해가 너무 싫기 때문이다. 그래서 조금이라도 이익이 발생하면 곧바로 현금화시킨다. 돈을 벌었으니 또 벌고 싶어 다시 투자를 감행한다. 또 조금이라도 이익이 나면, 손해를 보기 전에 바로 현금화시킨다. 티끌 모아 태산이라고 하니, 이렇게만 계속 돈을 벌게 된다면 나중에라도 재벌이 될 수 있다. 문제는 손해를 피할 수 없는 상황이다. 당장 현금화시키면 손해를 보는 상황에서, 사람들은 혹시 오를 수 있다는 생각에 주식을 팔지 않는다. 기대처럼 주가가 다시 오르지 않고, 계속 떨어진다고 하자. 계속 기다리다가는 더 큰 손해를 볼 것 같아 뒤늦게 주식을 팔고 더 큰 손해를 본다. 결국 손해에 민감한 마음 때문에 투자에 성공하기 쉽지 않은 것이다.

비단 투자 상황에서만 이럴까? 아니다. 일상 곳곳에서 이런 일은 일어난다. 가장 대표적인 것이 포인트다. 이동통신은 물론 신용카드, 그리고 각종 유통 업체에서 포인트를 적립해 준다. 포인트는 금액으로 환산하면 정말 적은 돈이다. 그런데 계산대 앞에서 직원이 "포인트 적립하시겠어요?"라고 말하면 대부분의 사람들은 "네"라고 말하면서, 포인트를 적립하기 위해 번거로운 절차를 감내한다. 금액으로 따지면 불과 몇십 혹은 몇백 원 정도밖에 안 되지만, 돈을 벌었다는 생각에 기분이 좋다.

중요한 문제는 포인트에 유효기간이 있다는 사실이다. 특히 이동통신사 포인트는 유효기간이 1년밖에 안 된다. 유효기간이 지나면 포인트는 사라져서 손해를 봤다는 느낌을 준다. 그래서 사람들은 포인트로 불과 몇백 혹은 몇천 원을 할인받기 위해, 몇천 혹은 몇만 원의 지출을 감행한다. 자신에게 당장 필요한 물건도 아니고, 꼭 먹고 싶은 음료가 아니어도 구입한다. 그러면서 자신은 매우 합리적인 소비를 했다고 착각한다. 멍청한 선택이다.

쿠폰도 이와 비슷하다. 10번 이용 시 1번 무료로 이용할 기회를 준다든지, 음료를 20잔 마시면 다이어리 같은 상품을 증정한다든지 하는 행사는 이제 일상이 되었다. 처음에는 별생각 없이 쿠폰을 모으지만, 개수가 늘어날수록 마음이 조급해진다. 마치 쿠폰을 다 채우지 못하면, 손해를 보는 것 같은 기분이 든다. 그래서 쿠폰을 모으기 위해 딱히 원하지도 않는 서비스를 이용하고, 비싼 음료도 계속 사 먹는다. 역시 멍청한 선택이다.

의사가 환자에게 금연을 하라든지, 술을 줄이라든지, 운동을 하라고 조언하는 경우가 있다. 금연하지 않으면 폐가

망가질 수 있고, 술을 줄이지 않으면 간이 무너질 수 있으며, 운동으로 체력을 키우지 않으면 나중에 더 큰 병에 걸릴 수 있다고 겁을 주면서 말이다. 평소 담배와 술을 즐기고, 운동을 안 하던 사람이 이런 이야기를 들었다고 의사의 말대로 행동할 가능성은 얼마나 될까? 결론을 말하자면 별로 없다.

그 이유는 의사의 조언을 행동에 옮기려면 당장 확실한 손해를 경험하기 때문이다. 담배를 끊으면 금단증상도 나타나고 스트레스를 받을 때 딱히 해소할 방법이 없다. 술을 안 먹으면 사람들과의 관계가 멀어지거나 일상의 즐거움이 사라진다. 또 운동을 하려면 돈과 시간, 체력을 사용해야 한다. 손해를 보는 것이 싫기에 이런 행동을 하지 않으려 한다. 물론 나중에 더 큰 손해가 있을 수도 있지만 별일이 일어나지 않을 가능성도 있다. 한편으로는 평생 담배를 피웠지만 장수하셨던 조부모님, 술고래지만 간에 전혀 문제가 없었던 친척 어른, 운동을 전혀 하지 않지만 건강하게 사는 친구를 떠올린다. 물론 이럴 확률이 적다는 것을 알지만, 당장의 손해가 싫어 나쁜 습관을 고치지 않는다. 결국은 병을 키우는 멍청이가 된다.

공부도 비슷하다. 지금 당장 공부에 매진하는 것은 당장의 손해다. 그래서 사람들은 노력하고 애쓰기를 원하지 않는다. 지금 당장 공부에 매진한다고 해서 확실한 성공이 보장되는 것도 아니다. 반면 공부를 하지 않고서도 복권 당첨이나 길거리 캐스팅으로 잘 살 수 있는 가능성이 아주 조금이지만 존재한다는 것을 안다. 이렇게 미래의 불확실한 성공을 위해서 지금의 확실한 희생과 고통을 감내하지 않아, 평생 먹고살 걱정을 하는 멍청이가 되는 것이다.

인간관계도 마찬가지다. 친구에게 안부를 묻고, 배우자의 감정을 살피고, 자녀의 필요를 채워주는 일은 당장 내 시간과 에너지, 돈을 써야 하므로 손해다. 당장의 손해가 싫은 사람은 관계를 돌보려고 하지 않는다. 이기적으로 말하고 행동한다. 물론 이렇게 행동하면 사람들이 자신을 떠날 가능성이 크지만, 한편으로는 그래도 자신을 이해하고 함께 있어 줄 사람들이 있을 수 있다는 생각을 한다. 그래서 대부분은 외로운 멍청이로 늙어간다.

프레임을 바꿔보자

손해에 대한 혐오감 때문에 멍청한 선택을 반복하지 않으려면 어떻게 해야 할까? 자신의 프레임을 점검해야 한다. 프레임이란 생각의 틀을 말한다. 형편없는 그림도 고급 액자(틀)에 넣어서 유명 갤러리에 걸어 놓으면 훌륭한 작품처럼 보이고, 싸구려 물건도 고급스럽고 멋지게 포장을 해서 백화점에 진열하면 명품처럼 보이는 법이다. 사람들은 본래의 내용보다는 그 내용이 제시되는 프레임의 영향을 받는 경향이 있다. 이를 가리켜 틀 효과framing effect라고 한다. 동일한 내용을 다르게 제시했을 때 사람들의 의사결정이 달라지는 현상을 의미한다.

판매자들은 소비자의 지갑을 열기 위해 손해라는 메시지를 전달한다. 손해라는 프레임으로 세상을 바라보면 당장 뭔가 조치를 취하게 되어 있기 때문이다. 앞서 언급했던 동전 게임을 기억하는가? 길을 가고 있는데 갑자기 나타난 누군가가 손에 1만 원 한 장을 쥐여 주면서 동전 던지기 게임을 제안하면 대부분은 게임을 거부한다고 했다. 그러나 게임의 틀을 바꾸면, 즉 프레임을 바꾸면 게임에 도전하게 만들 수 있다. 방법은 이렇다. 처음에 1만 원이 아니라 3만 원을 쥐여 준다. 그리고 직접 세어 보게 한다. 3만 원을 확인하게 한 다음, 그중에서 2만 원을 빼앗는다. 원래 자신의 돈이었다면 어떻게든지 빼앗기지 않으려 하겠지만, 처음에 돈을 준 사람이 2만 원을 가져가는 상황이니 어쩔 줄 몰라 그냥 빼앗기게 된다. 이때 그 사람이 동전 게임을 제안한다.

"2만 원을 다시 돌려받으시려면 동전 게임을 하셔야 합니다."

당신이라면 어떤 선택을 하겠는가? 게임을 거부하면 여전히 당신 손에 있는 1만 원을 가질 수 있고, 게임에 도전하면 빼앗긴 2만 원을 돌려받아 총 3만 원이 될 수도 있다. 하지만 게임에 질 경우에는 1만 원마저 빼앗길 수도 있다. 이때 대부분의 사람들은 게임에 도전한다. 놀랍지 않은가? 결과적으로는 앞의 동전 게임과 같은 상황인데, 사람들의 행동은 정반대다. 이를 가능하게 만드는 것이 프레임이다.

이를 이용하면 손해에 대한 혐오감 때문에 멍청이가 되지 않을 수 있다. 즉 손해 프레임 대신 이득 프레임으로 상황을 바라보면 된다. 어떻게 프레임을 바꿀 수 있을까? 간단하다. 이득과 손해를 판단하는 것은 기준이니, 기준을 바꾸면 된다. 길을 가다가 갑자기 손에 3만 원이 쥐어졌고, 잠시 후 2만 원을 빼앗긴 상황에서는 자신의 손에 남아 있는 1만 원은 기준에 따라 이익일 수도 있고 손해일 수도 있다. 빈손을 기준으로 하면 1만 원이 이익이고, 3만 원을 기준으로 하면 손해인 것이다.

예를 들어 두 직장인의 새해 연봉이 3,800만 원과 4,000만 원으로 결정되었을 때, 누구의 기분이 더 좋을까? 사람들은 당연히 후자일 것이라고 생각한다. 이때 직전 연봉이 4,000만 원과 4,200만 원이었다는 정보를 알면 답은 달라진다. 200만 원 오른 사람이 200만 원 깎인 사람보다 기분이 좋을 거라고 판단한다. 사람들은 절대적 변화보다는 상대적 변화에 민감하게 반응하기 때문에, 어느 것을 준거점(기준점)으로 삼느냐에 따라 평가가 달라진다. 카너먼은 이를 준거 의존성reference dependency이라고 했다.

새해 연봉이 4,000만 원인 사람은 직전 연봉 4,200만 원을 기준으로 삼으면 손해 봤다는 생각에 기분이 나쁘고 일에 대한 흥미와 열정도 떨어질 것이다. 물론 더 좋은 조건의 직장으로 이직 준비를 할 수도 있겠지만, 그럴 만한 상황이 아니라면 어떻게 해야 할까? 기준을 바꿔서 이득 프레임으로 상황을 파악하는 게 좋다. 한 가지 방법은 동료의 연봉 3,800만 원을 기준으로 삼는 것이다. 아니면 직장을 구하지 못해 실업 상태인 사람들을 기준으로 삼을 수도 있다.

만약 남들의 불행을 자신의 성공 발판으로 삼는 것이 마음에 걸린다면 공수래공수거空手來空手去라는 삶의 본질을 기준으로 삼아보자. 공수래공수거는 이 세상에 빈손으로 태어났다가 빈손으로 죽는다는 뜻이다. 사람들은 자신이 누리는 것이 마땅히 자신의 소유라고 착각하지만, 본래 인간은 실오라기 하나 걸치지 않고 태어난다. 이를 기준으로 삼으면 모든 것은 이익이고 선물이다.

소미처럼 물건을 구입할 때 시간과 에너지를 써서 최저가를 알아보는 것이 나쁘다는 말이 아니다. 보다 저렴한 값에 물건을 구입하는 것이 왜 나쁘겠는가? 다만 손해 보기 싫다는 마음 때문에, 더 좋고 의미 있는 일에 사용할 수 있는 시간과 에너지를 최저가 검색에 쏟아붓는다면 얼마나 허망한 일인가? 이렇게 헛심을 쓰지 말고 공수래공수거의 관점에서 상황을 바라보자. 만약 남들보다 조금 더 비싸게 주고 물건을 샀다면, 나는 물건을 얻어서 좋고 판매자는 내 덕분에 돈을 더 벌었다고 생각할 수 있다.

친구를 비롯해 가족, 연인, 부부와 부모자녀관계도 마찬가지다. 내가 상대를 위해서 희생하고 있다고 생각하면 억울하고 화가 난다. 그래서 내가 손해 본 만큼의 2~3배를 돌려받고 싶을 것이다. 그러나 누군가의 친구, 가족, 연인, 부부, 부모나 자녀가 되어 상대를 위해 내가 헌신하고 봉사할 수 있는 기회를 얻은 것은 손해가 아닌 이익이다. 무슨 뚱딴지같은 소리냐고 할지도 모르겠지만 이는 연구를 통해 입증된 사실이다.

미국의 내과 의사인 앨런 룩스Allan Luks는 연구를 통해 타인을 위해 봉사하는 사람은 행복감을 더 많이 느끼며, 자존감도 향상되고, 스트레스가 해소되는 등 다양한 심리적 이익이 있다는 것을 증명했다. 또한 몸에도 상당한 이익이 있었다. 행복 호르몬(엔도르핀)이 정상 수치의 3배까지 올랐으며, 또한 친밀감과 유대감 호르몬(옥시토신)이 증가해서 불면증과 만성 통증 치료에도 탁월한 효과를 보였다고 말했다. 혈압과 콜레스테롤 수치도 정상으로 낮아진다는 것을 확인했다. 앨런 룩스는 이런 이득이 잠깐 나타났다가 사라지는 것이 아니라 며칠 혹은 몇 주 동안 지속된다는 것을 확인했고 이를 가리켜 헬퍼스 하이Helper's high라고 명명했다. 일정 시간 달렸을 때 느끼는 쾌감을 일컫는 러너스 하이Runner's high에서 나온 말이라고 한다.

손해에 민감한 마음 자체를 바꿀 수는 없다. 그런데 상황을 손해가 아닌 이익의 프레임으로 본다면 정말 내가 원하는 것을 선택할 수 있고, 내 시간과 에너지를 더 가치 있는 일에 사용할 수 있게 된다.

카너먼이 말하는 인간의 마음

‡

1. 마음은 손해에 민감하다

'이기지는 못할망정 절대로 질 수는 없다', '돈을 벌지는 못해도 잃어서는 안 된다'고 생각하는 사람들이 많다. 이런 생각을 하는 이유는 기본적으로 인간의 마음이 손해에 민감하기 때문이다. 카너먼은 이익보다 손해에 대한 감정이 2~3배 크다고 말했다. 부자가 재산을 잃지 않으려는 마음이, 가난뱅이가 재산을 쌓으려는 마음보다 더 크다. 빈익빈부익부는 심화될 수밖에 없다.

어린 시절 흥부와 놀부, 콩쥐와 팥쥐 이야기를 읽을 때는 대부분 놀부와 팥쥐가 나쁘고 흥부와 콩쥐가 불쌍하다고 생각한다. 자신은 절대로 놀부나 팥쥐처럼 살지 않을 것이라고 결심하지만, 정작 어른이 되어 성공하면 대부분의 사람들은 놀부와 팥쥐처럼 행동한다. 손해가 싫기 때문이다. 문제는 당장의 손해가 싫어서 한 선택 때문에, 나중에 더 큰 손해를 볼 수 있다는 것이다. 흥부와 놀부, 콩쥐와 팥쥐 이야기도 이런 메시지를 준다. 따라서 손해가 싫다면, 진짜 손해가 무엇인지 생각해 봐야 한다.

2. 이익과 손해는 마음의 문제다

가난했던 사람이 돈을 많이 벌어 잘살게 되면 항상 행복할까? 가난했던 수십 년 전보다 비교할 수 없을 정도로 더 잘사는 요즘 사람들이 무조건 더 행복하다고 할 수 있을까? 아니다. 마음은 절대적 변화보다는 상대적 변화에 민감하기 때문이다. 다시 말해 대부분 초가집에 살던 시절에는 기와집에 사는 사람이 행복하지만, 대부분 편리하고 큰 아파트에 산다면 이야기는 다르다. 기와집에서 장작을 때면서, 무쇠솥으로 밥을 하고, 재래식 화장실을 사용하는 사람이 행복을 느끼기는 어렵다.

행복과 불행이 기준에 따라 갈리듯, 이익과 손해도 마찬가지다. 기준을 무엇으로 잡느냐에 따라 우리가 경험하는 모든 것은 손해일 수도, 이익일 수도 있다. 보통의 경우 다수의 타인이 기준이다. 다수의 타인이 초가집에 사느냐 아파트에 사느냐에 따라, 나의 기와집은 멋지게 보일 수도 있고 초라하게 보일 수도 있다. 결국 나의 마음을 다수의 타인에게 맡기는 셈이다.

진짜 문제는 다수의 타인이라는 기준 자체가 아니라, 자신도 모르게 그것을 기준으로 삼고 있다는 사실이다. 마음을 내가 통제하고 싶다면 무엇을 기준으로 삼을지 생각해 보자. 내가 원한다면 의도적으로 다수의 타인을 기준으로 삼을 수도 있다. 하지만 원치 않는다면 나만의 기준을 삼을 수도 있어야 한다.

3. 자신의 프레임으로 진짜 마음을 따라가라

자본주의 시장은 소비에 근거해 성장한다. 자원이 부족했던 시절에는 저축과 근검절약을 강조했다. 학교에서 학생들에게 단체로 적금을 들게 했다. 또 몽당연필은 볼펜대에 끼워서 쓰는 것이 애국이라고 가르쳤다. 이제는 자원이 부족하지 않고, 국가의 경제성장률이 중요해지면서 더 이상 저축과 근검절약은 강조되지 않는다. 지금은 소비를 권장하는 시대다.

세상이 바뀌었으니 돈을 아끼지 않고 펑펑 쓰는 것도 시장경제의 관점에서 보면 좋은 일이다. 그런데 자신이 정말 원해서 쓰는 것이 아니라, 사실은 돈을 아끼고 싶은데 곳곳에 숨어 있는 손해 프레임이라는 덫에 걸려서 돈을 쓰게 된다면 얼마나 억울한 일이겠는가? 따라서 소비를 하더라도 진짜 자신이 원하는 것을 하려면 손해 프레임을 이익 프레임으로 바꿔야 한다.

끊임없이 손해 프레임으로 생각하게 유도하는 장치가 곳곳에 있다. 따라서 시간과 에너지, 돈을 사용할 때에는 자신의 프레임이 손해인지 이익인지 생각해야 한다. 만약 손해가 싫어서 하는 행동이라면 일단 멈춰보자. 그리고 자신에게 이익이 되는지 생각해 보자. 자신의 시간과 에너지, 돈을 투자할 만한 가치가 있다면 행동으로 옮겨도 좋다. 기억하라. 손해를 막으려고 하는 행동은 나중에 잘 돼야 본전이고 잘 안 되면 후회의 씨앗이다. 하지만 이익을 위해 하는 행동은 언제나 이득이다. 무엇보다 이런 과정을 통해 얻을 수 있는 최고의 이득은 남들이 만들어 놓은 프레임으로 살지 않고, 자신이 결정하는 프레임으로 살 수 있다는 것이다. 이럴 때 우리는 자신의 진짜 마음을 따라갈 수 있게 된다.

심리학의 거장들과 함께하는 마음 수업

내 마음에는 낯선 사람이 산다

초판 01쇄 인쇄 2021년 06월 28일
초판 01쇄 발행 2021년 07월 05일

지은이 강현식
펴낸이 이부연
책임편집 박서영
마케팅 백운호
디자인 여만엽디자인
펴낸곳 (주)스몰빅미디어
출판등록 제300-2015-157호(2015년 10월 19일)
주소 서울시 종로구 내수동 새문안로3길 30, 세종로대우빌딩 916호
전화번호 02-722-2260
인쇄·제본 갑우문화사
용지 신광지류유통

ISBN 979-11-87165-99-6 03180